애들아, 엄마랑
금융쇼핑하자

얘들아,
엄마랑
금융쇼핑
하자

윤상숙(금쇼맘) 지음

한국경제신문 _i_

등장인물(두 딸) 소개

큰딸 연진

연진이는 고등학교 2학년으로 친구들과 수다 떠는 것도 좋아하고 엄마와 이야기하는 것도 좋아합니다. 타인을 잘 배려하는 따뜻한 인성을 가졌으며, 굉장히 밝고 주변에 긍정의 에너지를 전하는 아이입니다. 내년에 약학대학에 입학하고 싶어 합니다. 약사가 되는 것이 꿈이냐고요? 반은 맞고, 반은 틀린 이야기입니다. 연진이는 무엇을 하고 싶은지 아직 정하지 못했습니다. 좋아하는 과목이 화학과 생물이고, 현재는 공부하는 걸 제일 잘한다고 스스로 생각합니다. 또한 대학 졸업 후에 고정적으로 소득이 들어왔으면 좋겠다고 합니다. 그렇게 찾은 직업이 약사입니다. 고정적으로 소득이 들어왔으면 좋겠다는 이유는 그때라도 자신이 진정 원하는 꿈을 찾고 싶기 때문이라고 합니다. 경제적으로 독립을 이루면 비로소 자신의 꿈을 찾는 데 좀 더 자유로울 수 있을 것이라 생각하고 있습니다. 또한 20년 뒤, 그러니까 37세가 되었을 때부터 매달 배당소득을 받기 위해 학원 한 과목을 그만두고, 그 학원비로 매달 투자를 하고 있습니다. 대신 무료 인터넷 강의를 열심히 듣고 있는 아주 성실하고, 미래를 설계할 줄 아는 멋진 아이입니다. 37세부터 매달 100만 원의 배당을 받으면 무엇을 할지는 아직 정하지 못했지만, 생각만 해도 웃음이 나며 행복하다고 합니다. 연진아, 그때 엄마 맛있는 거 많이 사줘야 해!

작은딸 연수

연수는 초등학교 6학년으로 친구들과 뛰어노는 것을 좋아하고, 바쁜 엄마를 그리워하는 '엄마 껌딱지'입니다. 초등학교 1학년때부터 학교 방과 후 수업으로 리듬체조를 시작했는데, 이제는 국가대표를 꿈꾸는 선수반이 되어 매일 6시간씩 운동하는 아주 성실한 아이입니다. 어릴 적부터 리듬체조 국가대표가 되겠다는 확실한 꿈이 있기에 한 번의 쉼 없이 앞만 보며 달리고 있습니다. 운동하는 것이 분명 힘들 텐데 한 번도 내색하지 않고, 바쁜 엄마가 신경 쓰지 않도록 스스로 잘하고 있는 생각이 아주 깊은 아이입니다. 하지만 뚱뚱한 엄마에게 '팩폭'을 자주 하는 냉철한 아이이기도 합니다. "이렇게 이쁘고 날씬한 연수를 누가 낳았지?" "뚱뚱한 엄마가 낳았지…." 저는 연수의 미래가 기대됩니다. 그리고 응원합니다!

프롤로그

여러분의 자녀가 기말고사를 앞두고 있습니다. 자녀가 어떻게 공부하면 좋을까요? 체계적으로 계획표를 짜서 매일매일 계획대로 공부하는 것일까요? 아니면 시험 날짜를 며칠 안 남기고 벼락치기 하는 것일까요? 대부분의 부모들은 첫 번째 방법이기를 바랍니다. 하지만 그렇게 잘 안 된다는 것을 아는 순간 부모의 마음은 약해집니다. 이제 벼락치기라도 좋으니 전략을 제대로 짜서, 잘해줬으면 할 것입니다.

그런데 이 일을 오래하면서 깨닫게 된 것이 있습니다. 시험을 준비하는 학생들의 학습 방법 또는 태도는 인생을 준비하는 어른들 삶의 방식과 많이 비슷하다는 것을 알게 되었습니다. 자녀들에게 체계적인 공부 방법을 요구하고 계시나요? 그럼 우리 부모들은 현재 어떤 인생의 계획을 세우고, 실천하고 있나요? 혹시 은퇴가 얼마 남지 않은 시점에서 벼락치기 중인 건 아닌가요? 여러분의 자녀들에게 어떤 모습의 부모로 남고 싶으신가요?

어릴 적 제 어머니는 아버지 월급날이 되면 바로 적금 통장을 들고 은행에 가셨습니다. 그 통장 앞면에는 '상숙이 대학 자금', '30평 아파트 자금' 등 제목이 적혀 있었습니다. 은행을 다녀오신 뒤 엄마가 행복해하셨던 모습이 아직도 생생합니다. 그리고 매달 '이놈의 쥐꼬리만한 월급'이라는 소리도 자주 하셨던 걸 기억합니다. 지금 생각해보니 아버지의 월급이 쥐꼬리만 했던 것이 아니라 어머니가 그렇게 만들었던 것 같습니다. 여러 가지 저축을 미리 했으니 남은 월급은 쥐꼬리만 해진 거죠. 저는 그렇게 어머니로부터 '소비 전에 저축 먼저'라는 아주 값지고 좋은 저축습관을 물려받게 되었습니다.

대학 졸업과 동시에 증권사(투자신탁사)에 입사하게 되었고, 월급을 받은 첫 달부터 바로 저축을 시작했습니다. 누가 그리하라고 한 것도 아닌데, 예전에 어머니가 하신 것처럼 똑같이 소비 전에 저축을 먼저 하고 있었습니다. 이렇게 저축한 돈은 5년 만에 결혼 자금과 내 비자금으로 충분할 만큼 모이게 되었습니다. 대단하지요? 그런데 제가 투자를 아주 잘해서 돈을 잘 모은 것일까요? 아닙니다. 그때는 부모님 댁에 살고 있었기 때문에 월급의 90%를 모두 저축할 수 있었고, 증권사에 다녔지만 투자보다는 주로 은행에 적금을 했습니다. 은행 3년 특판 적금이 연 25%, 1년 예금이 15%였습니다. 그러니 적금만 가입해도 내 돈은 5년마다 2배로 불어날 수 있었습니다. 단기간에 목돈을 모을 수 있었던 이유는 내가 투자를 잘해서가 아니라, 좋은 저축습관과 저축하기 좋았던 고금리 시대 덕분이었습니다. 하지만 그때는 미처 그 이유를 깨닫지 못하고 내가 잘나서라는 자만심에 빠져 있었습니다.

결혼을 하고 자녀를 키우면서 생활비와 자녀교육비는 점점 늘어났고, 저축을 하기에는 생활이 너무 빠듯했습니다. 저축하지 않는 것에 대한 불안함도 있었지만, 아이들 교육비와 대출 상환이 줄어들면 그때 저축을 해도 늦지 않을 거라고 생각했습니다. 왜? 나는 마음만 먹으면 과거처럼 금방 돈을 모을 수 있는 여자라고 생각했으니까요.

그렇게 스스로를 위안하면서 보낸 10년 동안 나의 재정 상황은 어떻게 변했을까요? 소득은 결혼 전보다 더 늘었지만 한 번 늘어난 지출을 줄일 수 없었기에 저축은 계속할 수가 없었습니다. 그리고 15~20%의 은행 금리는 어느새 1/10이 되어 1.5~2%가 되어 있었습니다. 이제 은행 예적금만으로 돈을 모을 수 있는 좋은 시기는 끝났습니다. 그렇게 인생의 저축 황금기인 싱글 5년과 경제적으로 잃어버린 10년이 지나갔습니다.

지난 7년간 약 1,000여 명의 고객을 만나 재무컨설팅을 했습니다. 사회 초년생부터 은퇴한 선생님까지 다양한 나이대의 선생님, 직장인, 전문직 그리고 전업주부님들까지 다양한 직업을 가진 분들을 만나 다양한 인생을 공유할 수 있었습니다. 그중에서도 50대 이상 분들의 상담 끝에 가장 많이 듣는 말이 "윤상숙 씨를 10년만 더 일찍 만났더라면 얼마나 좋았을까요!"입니다. 그러고는 사회 초년생인 자녀들을 소개해주십니다. 그분들 삶에 어떤 후회가 남아서 그리 말씀하시는 걸까요? 자녀들을 소개해주시면서 제가 자녀들에게 무엇을 전달했으면 하시는 걸까요? 혹시 이분들도 저처럼 경제적으로 잃어버린 10년이 있으신 걸까요? 그런 아쉬움이 있어서 자녀에게는 그러지 말라고 이야기해주고 싶은 것이 아닐까요? 저처럼 말이죠.

실제로 상담을 할 때 고객들께 "왜 돈을 모으려고 하시나요?"라는 질문을 합니다. 여러 가지 이유가 있지만, 가장 많은 이유는 가족과 관련된 것들입니다. 그중에서도 가족에게 무엇인가를 해주고 싶다거나 가족에게 폐를 끼치고 싶지 않다는 대답이 가장 많습니다.

여러분은 돈이 무엇이라고 생각하시나요? 왜 돈을 모으려고 하시나요? 여러분도 제 고객들의 답과 비슷하신가요? 돈은 생존을 가능하게 해주는 기본 수단이라는 생각이 드실 것입니다. 특히 가족과 행복하게 살 수 있게 해주는 기본 중의 기본이 바로 돈입니다. 하지만 아주 기본적인 생존 수단인 돈에 대해 우리는 얼마나 알고 있을까요?

저는 '선 저축, 그리고 후 지출'이라는 훌륭한 저축습관을 물려받았습니다. 그리고 증권사에서 일을 했고, 5년 동안 목돈도 모았습니다. 그런데 왜 경제적으로 잃어버린 10년이 생긴 걸까요? 그 이유는 시대의 변화를 놓치고 살았기 때문입니다. 고금리에서 저금리로 시대는 변하고 있다는 것을 알고, 저금리가 내 생활에 어떤 나쁜 영향을 주고 있는지 빨리 알았어야 합니다. 그래서 이제는 투자가 선택이 아닌 필수인 시대가 되었고, 투자는 은행의 적금처럼 그냥 기다린다고 되는 것이 아니라 꾸준히 공부해야만 한다는 것도 빨리 알았어야 합니다. 그리고 돈을 모으는 데 있어 가장 중요한 것은 시간이라는 것, 시간의 힘인 복리를 끊어버리면 안 되고 계속 유지해야 한다는 것을 빨리 깨우치지 못한 결과, 경제적으로 잃어버린 10년이 생긴 것입니다.

여러분은 사랑하는 자녀에게 무엇을 물려주고 싶으신가요? 부동산? 주식? 예금? 자녀 경제교육 강의를 하기 전에 부모님들께 항상 물어보는 질문입니다. 절반 이상은 "자녀에게 금융 지식과 투자 능력을 키워주고 싶다"라고 대답하십니다. 즉, 물고기를 잡아주기보다는 물고기 잡는 방법에 대해 알려주고 싶은 것이라고 생각합니다. 하지만 저는 여기에 한 가지 더 강조하고 싶은 것이 있습니다. 물고기 잡는 방법을 알려주는데, 그 방법이 우리 부모님 때와는 달라야 한다는 것입니다. 왜? 세상은 너무나 빠르게 변화하기 때문입니다. 제가 배운 물고기 잡는 방법은 '선 저축, 그리고 후 지출'이었고, 그 저축은 은행의 예금과 적금이었습니다. 제 어머니처럼 저도 지금 은행에 가서 적금과 예금을 부지런히 들면 부를 키워갈 수 있을까요? 지금 은행에 가면 물고기를 잡을 수 있을까요? 절대 잡을 수 없습니다. 그럼 저는 이제 제 두 딸에게 어떤 방법으로 물고기를 잡아야 된다고 이야기해줘야 할까요? 그리고 어디로 가야 물고기를 잡을 수 있다고 알려줄 수 있을까요?

지금은 투자가 선택이 아닌 필수인 시대입니다. 그래서 자녀에게 투자의 방법을 알려줘야 합니다. 그런데 문제가 있습니다. 부모들이 투자를 잘 모릅니다. 자녀에게 물고기 잡는 방법을 알려주려면 부모가 먼저 올바른 방법을 알고 있어야 하는데, 우리는 항상 바빠서 금융 경제에 대해 공부할 시간이 충분하지 않습니다. 그래서 저는 자녀와 함께 또는 자녀를 위해서 돈 공부를 하시라고 제안합니다. 그동안 그렇게 잔소리를 했지만 움직이지 않으시던 부모님들이 드디어 돈 공부를 하기 시작하셨습니다. 왜? 사랑하는 자녀와 가족을 위해서니까요. 참 좋은 발상이 아닌가요?

여러분은 금융, 경제 등의 단어를 들으면 제일 먼저 무엇이 떠오르나요? 설마 머리가 벌써 지끈지끈하시는 거 아닌가요? 그런데 자녀에게 올바른 투자 방향을 제시해주고 같이 투자하려면 어느 정도의 공부와 노력은 동반되어야 합니다. 다양한 금융 속에서 내 플랜에 맞는 합리적인 금융을 찾을 수 있도록 안목을 키워야 합니다. 그리고 자녀와 함께해야 합니다.

저 역시 이런 마음으로 5년 전부터 두 딸과 함께 금융쇼핑을 시작하게 되었습니다. 물고기 잡는 방법에서 가장 기본이 되면서 선행되어야 할 것은 제가 어머니께 배운 것처럼 '예산을 세워서 저축을 먼저 하고, 남은 돈으로 소비를 한다'라는 좋은 저축습관입니다. 이런 습관을 먼저 갖춘 후에 투자를 하면서 물고기의 이동 방향을 따라갈 수 있어야 합니다. 그래야 이 시대에는 물고기를 잡을 수 있습니다. 빠르게 변화해가는 세계 속에서 경제의 흐름을 알아야만 돈의 흐름을 알 수 있습니다. 그러려면 주식을 1주라도 사봐야 합니다. 왜냐하면 내 돈이 또는 내 자녀의 돈이 조금이라도 투자가 되어 있으면 관심을 갖게 되고, 그런 관심이 어느새 경제 신문을 읽는 부모로 변화시켜주기 때문입니다.

주식은 미래의 가치를 반영합니다. 그래서 지금도 잘하고 있지만 빠르게 변화해가는 세상 속에서 잘 적응하면서 꾸준한 성장을 할 수 있는 산업이나 기업을 찾는 것이 무엇보다 중요합니다. 마치 우리 자녀들이 바르게 잘 성장해서 쭉쭉 자라는 것과 같은 기업을 찾아야 합니다. 그런 기업을 우리 자녀들의 관심사를 통해서 알아보는 것이 자녀와 함께할 수 있는 가장 좋은 방법입니다. 우리 자녀들의 관심사가 현재 트렌드이고, 미래에 성장하는 산업이 될 수 있기 때문입니다.

자, 이제 자녀와 함께 즐거운 금융쇼핑을 시작해보실까요?

윤상숙(금쇼맘)

5. 자녀와 금융쇼핑하기 - **가족여행 편**

6. 내 자녀에게 무엇을 물려줄 것인가? - **자본가로 키우기 편**

부록. 슬기로운 금융쇼핑

1

금융쇼핑 전
자녀를 위한
눈높이 교육

연진이의 일상 속
주식 스토리

아이폰의 알람이 연진이의 하루를 깨워줍니다. **애플** AAPL

매일 아침에 팬틴샴푸로 머리를 감습니다. **프록터&갬블** PG

이니스프리 스킨과 로션을 바릅니다. **아모레 퍼시픽**

어젯밤에 엄마가 쿠팡으로 주문해둔 우유와 시리얼이 아침 메뉴입니다. **쿠팡** CPNG, **켈로그** K

네이버로 오늘의 날씨를 검색합니다. **네이버**

교복을 입고 나이키 운동화를 신습니다. **나이키** NKE

오늘은 늦어서 엄마 차를 타고 등교합니다. **현대자동차**

차 안에서 유튜브로 BTS 음악을 듣습니다. **구글** GOOGL, **하이브**

수업 중 중요한 부분은 포스트잇에 적어 책에 붙여둡니다. **쓰리엠** MMM

학원에 가기 전에 시간이 남아서 스타벅스에 가서 숙제를 합니다. **스타벅스** SBUX

학원에 도착해서 엄마의 비자카드로 학원비를 결제합니다. **비자카드** V

학원에서 끝내지 못한 수업을 집에 돌아와 화상수업으로 듣습니다. **줌비디오** ZM

엑셀로 학교 숙제를 합니다. **마이크로소프트** MSFT

어도비(Adobe) 프로그램을 설치한 뒤 PDF로 숙제를 마무리합니다. **어도비** ADBE

공부를 많이 했는지 머리가 아파 타이레놀을 먹습니다. **존슨앤존슨** JNJ

자기 전에 카카오톡과 페이스북으로 인간관계를 넓혀봅니다. **카카오, 메타플랫폼스(구 페이스북)** FB

일요일에 친구들과 함께 영화를 보기로 했습니다. 영화관이 아닌 집에서 넷플릭스로 보기로 했습니다. **넷플릭스** NFLX

그래도 분위기를 내야 하니까 미리 맥도날드에 가서 햄버거와 코카콜라를 사올 것입니다. **맥도널드** MCD, **코카콜라** KO

하지만 넷플릭스에는 보고 싶은 월트 디즈니의 영화가 없네요. **월트디즈니** DIS

그러나 TV에서 보지 못했던 <경이로운 소문>을 볼 수 있을 것 같습니다. **스튜디오드래곤**

수학공식을 외우듯이
돈의 공식을 외워볼까?

"연진아, A4용지를 접어본 적 있지? 한 번 접으면 종이가 몇 겹으로 되어 있지?"

"2겹."

"다시 한번 접으면 몇 겹이야?"

"4겹이지."

"그 상태에서 다시 한번 접으면 몇 겹일까?"

"음…. 8겹?"

"그렇게 사람이 몇 번까지 접을 수 있을 것 같아?"

"모르겠는데, 한번 해볼까? 내 생각에는 열 번은 접을 수 있을 것 같은데…."

열심히 종이를 접던 연진이는 여섯 번 만에 포기해야 했습니다.

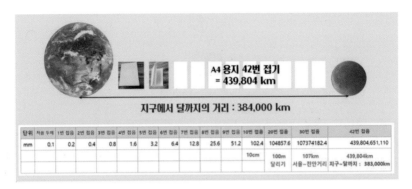

복리의 마법, 종이를 접어 달나라까지?

"그럼 이번에는 A4용지를 직접 접지 말고 두께로 계산해볼까? A4용지의 두께는 약 0.1mm이니까 계산하기 편하게 10번 접으면 몇 cm이지? 그럼, 계산식을 어떻게 세워야 하는 거지?"

"$0.1mm^{10}$ =10cm이지."

"그렇게 20번을 접으면 $0.1mm^{20}$=104,857mm=약 100m 달리기 길이, 30번을 접으면 107km 즉, 서울에서 천안까지 거리가 되지."

"대박! 겨우 30번밖에 접지 않았는데, 천안까지 가는 거리네. 숫자가 너무 갑자기 커지는 것 같아."

"42번 접으면? 즉, $0.1mm^{42}$=439,804km 지구에서 달까지의 거리이네."

"0.1mm A4용지를 겨우 42번 접었을 뿐인데 달까지의 거리가 나온다는 게 믿기지가 않아. 계산하고도 믿기지 않아! 다시 계산해봐야겠어."

연진이의 계산이 맞나요? 여러분도 같은 답을 얻으셨나요? 그러면 믿어야겠죠? 분명 계산한 식도 맞고, 계산기에서 나온 답도 맞지만 믿기 힘든 이 상황을 우리는 '복리'라고 부릅니다. 그래서일까요? 아인슈타인은 복리를 마법이라 부르면서 인류의 제8대 불가사의라고 이야기했습니다. 여러분도 '복리의 마법'은 많이 들어보셨을 겁니다.

이 복리의 마법을 잘 설명한 것으로 '72법칙'이 있습니다. 르네상스시대 이탈리아의 수도사이자 수학자였던 분이 일반인들도 쉽고 빠르게 복리를 계산할 수 있도록 만든 법칙입니다. 내 돈을 2배로 불리는 데 걸리는 시간을 빠르게 복리로 계산할 수 있습니다. 72를 연 수익률로 나누면 나오는 숫자가 내 돈을 2배로 불리는 데 걸리는 시간이라는 것입니다.

"연진아, 20년 전에 엄마가 26세일 때 엄마한테 1억 원이란 돈이 있었어."

"진짜?"

"그럼, 23세 때 취직해서 3년 동안 열심히 저축하고, 투자해서 큰돈을 모았지. 그럼 그 당시 1억 원이 2억 원이 되는 데는 얼마의 시간이 걸렸을까?"

"그때 은행 금리는 몇 %였는데?"

"그때는 은행의 예금금리가 약 15% 정도였어."

"72÷15(%)=4.8년, 그러니까 엄마 돈 1억 원이 2억 원이 되는 데는 약 5년 정도의 시간이 걸리네. 그럼 엄마는 31세 때 2억 원이 있었겠네. 대단한데?”

“그렇지. 그럼 현재 47세인 엄마가 1억 원이 있어. 그리고 은행 예금금리는 약 1.5%야. 그럼 엄마 돈 1억 원이 2억 원이 되는 데는 몇 년이 걸리지?”

“72÷1.5(%)=48년이니까, 약 50년이 걸리겠다.”

“그럼 엄마가 몇 살이 되지?”

“47+50=97, 앗! 97세….”

“엄마는 앞으로 엄마 돈이 2배가 되는 것을 못 보고 죽을 수도 있겠다. 그렇지?”

“엄마는 은행에 안 가고 투자를 하니까 그것보다는 빠르지 않을까?”

“그럼, 옆 나라 일본의 은행 금리는 몇 %인지 알아? 약 0.03% 정도 된단다. 독일 같은 선진국들은 이미 0% 제로금리이기도 하지.”

“앞으로 우리나라의 금리는 지금보다 더 떨어진다는 이야기야?”

“그럴 확률이 높지. 만약 10년 뒤에 연진이가 26세가 되었을 때 은행 금리가 약 0.15%라고 하면 연진이의 돈 1억 원이 2억 원이 되는 데 얼마나 걸릴까?”

“72÷0.15(%)=480년, 약 500년! 조선왕조 500년이다.”

조선왕조 500년 동안 우리 아이들의 돈은 겨우 2배가 된다는 것입니다. 그러니 우리 아이들은 이제 투자를 할 수밖에 없는 시대에 살고 있다고 할 수 있습니다. 이제 우리 부모들이 자녀와 함께 금융쇼핑을 통해 투자해야 하는 확실한 이유를 아셨나요?

퇴직하신 할아버지는
이제 무슨 소득으로 사실까?

금융소득은 이자소득과 배당소득이 있습니다.

* 이자소득 : 은행의 예금, 적금 이자나 채권에서 발생한 이자
* 배당소득 : 상장 또는 비상장 주식이나 출자금에서 얻은 배당금

제가 두 딸의 주식 계좌를 만들고 같이 투자해 돈을 불려주는 궁극적인 이유는 자녀의 경제교육을 통해 투자에 대한 안목을 키워주고 싶은 것도 있지만, 더불어 자녀들이 30세 이상이 되었을 때부터는 배당소득을 받게 해주기 위한 것도 큽니다. 그래서 이번 기회에 이자소득과 배당소득을 통해 얻을 수 있는 금융소득에 대해 자세히 알려주기 위해 할아버지를 예로 들어주었습니다.

"연진아, 할아버지가 20년 전에 퇴직하셨는데, 그때 퇴직금으로 2억 원을 받으셨다고 가정해보자. 그럼 할아버지는 그 2억 원을 어떻게 하셨을까?"

"투자를 하셨나?"

"아니, 그 당시에는 투자하는 어르신들이 많지 않았어. 그리고 굳이 투자를 하지 않고 은행 예금에 넣어둬도 매달 이자를 받아 생활하실 수 있었어."

"그때 예금은 이자가 얼마인데?"

"약 15% 정도였으니까, 지금보다 10배는 더 이익인 거지."

"우와! 자세히는 모르겠지만, 은행 금리가 20년 만에 약 1/10로 떨어진 거네."

여러분들도 이렇게 숫자로만 보면 감이 잘 안 올 것입니다. 그냥 금리가 많이 떨어졌다고만 생각하게 될 것입니다. 그래서 준비한 다음 표를 보면서 상황을 잘 이해해보기를 바랍니다.

pv (원금)	200,000,000
iy (금리)	1.5%
n (기간)	1년
fv (원리금)	203,000,000
세후 이자소득	2,538,000
pmt (세후 매달 이자 수령액)	211,500

2억 원의 1.5% 이자 수령액

pv (원금)	200,000,000
iy (금리)	15%
n (기간)	1년
fv (원리금)	230,000,000
세후 이자소득	25,380,000
pmt (세후 매달 이자 수령액)	2,115,000

2억 원의 15% 이자 수령액

"2억 원을 은행 예금에 넣어두면 이자를 받을 수 있어. 연 15% 로 계산한 뒤, 15.4%의 세금을 나라에서 떼어가고(이자소득세가 지금 과 동일하다는 전제조건으로 계산) 1년은 12개월이니까 나누기 12를 하면, 할아버지가 매달 받을 수 있는 순수 이자 금액이 계산되는 거지. 계산된 것을 보니까 한 달 이자가 211만 원 정도네. 이 돈으로 한 달 생활을 하시는 거야. 그런데 지금은 예금이자가 1.5%라고 했으니까 매달 받는 이자가 얼마야?"

"이제 금리가 15%에서 1.5%로 1/10 줄었으니까 한 달에 받게 되는 이자도 211만 원에서 1/10로 줄면, 21만 원이네. 어머나, 이 돈으로 한 달 생활이 가능하실까? 이 이자를 받아서는 생활이 불가능할 것 같은데….'"

"그럼, 퇴직한 어르신들은 어떻게 생활하실 수 있을까?"

"주식 투자를 하셨나?"

"아니, 평생 주식을 해본 적이 없으니까 두려워서 못 하시지."

"그럼 어떻게 생활하실 수 있을까?"

"만약 다른 자산이 있고, 다른 연금이 있다면 합쳐서 생활이 되겠지만, 그렇지 못하다면 2억 원이라는 원금을 빼서 쓸 수밖에 없겠지."

금리의 하락 즉, 저금리는 우리의 생활을 불가능하게 만듭니다. 실제로 은행의 이자소득으로만 생활하셨던 어르신들 중 이런 이유로 가지고 있는 원금을 빼서 생활하시다 보니 원금이 거의 없어져 몹시 불안해하고 있는 분들을 많이 봤습니다.

통계에 따르면 20년 전 퇴직했던 공무원의 약 40% 정도가 퇴직 연금이 아닌 퇴직 일시금으로 수령했는데, 지금은 98%가 퇴직 연금으로 수령한다고 합니다. 즉, 저금리 시대에 들어오면서 은행 예금이자로는 생활이 불가능하다는 것을 알게 된 사람들은 목돈이 아닌 매달 또박또박 통장으로 입금되는 연금으로 받는 걸 선호하는 것입니다. 왜 그럴까요? 그건 목돈을 어떻게 투자해야 될지 모르기 때문입니다. 또한, 고령화 시대가 되면서 내 수명과 내 돈의 수명을 서로 맞춰야 한다는 것을 알게 된 것입니다. 즉, 죽을 때까지 계속 나오는 현금흐름의 중요성이 점점 커지고 있는 것입니다. 평생소득이 점점 필요한 시대에 은행의 예금이자는 더 이상 답이 아니니, 더욱 투자(주식, 채권)를 해야 되고, 투자 중에서도 주식 매매를 통한 시세차익뿐 아니라 이자소득처럼 계속 받게 되는 배당소득이 필요한 시기가 된 것입니다. 이제는 금융소득 중에서 이자소득이 아닌 배당소득과 친해져야 할 때입니다. 그럼 배당소득은 어떻게 얻을 수 있는 걸까요?

수익률 50%는
얼마나 될까?

　"엄마, 수익률이 50% 난 것이 얼마만큼 좋은 건가요?"라는 연수의 질문에 당황한 나는 어떻게 쉽게 설명해줄 것인가 고민하다가 1+1이 생각이 나서 아이를 편의점으로 데리고 갔습니다. 편의점에 가면 흔히 볼 수 있는 것이 1+1입니다. 1+1은 어떤 의미인가요? 물건을 하나 사면 공짜로 하나를 더 준다는 것입니다.

　"연수야, 저 밀크티 한 병에 얼마라고 쓰여 있어? 검은색 글씨를 보면 1개에 2,300원이라고 되어 있지? 그런데 그 밑에 빨간 글씨를 보면 뭐라고 되어 있어? 2개 2,300원이야. 1개도 2개도 같은 가격인데, 이게 어떻게 된 거지?"

　"진짜 가격이 똑같네. 2개 사면 1개 더 준다는 거니까, 1개는 공짜라는 거잖아."

"그럼, 엄마는 기분이 어떨까?"

"정말 좋겠지!"

한 개 값을 내고 두 개를 얻었으니, 수익률 100%가 맞죠? 그래서 1+1은 수익률 100%로 비교 설명해주었습니다.

2+1과 1+1의 수익률은 얼마나 될까?

그럼 2+1은 뭘까요? 이것이 수익률 50%입니다. 중학생인 언니는 이해하는데, 초등학교 저학년인 연수는 아무래도 수익률을 이해하는 것이 힘든 것 같습니다. 그래서 편의점에서 1+1 또는 2+1으로 팔고 있는 물건을 사면서 설명해줬더니 금방 이해합니다. 그러고는 이렇게 이야기합니다.

"투자해서 수익이 나면 물건을 더 살 수 있으니까, 수익이란 아주 좋은 거구나!"

현재 연수의 주식 계정 중에서 50%의 수익률을 얻은 마이크로소프트의 잔고를 자세히 볼까요? 매입금이 1,061,229원, 평가손익이 534,419원, 평가금은 1,595,648원입니다.

"연수야, 마이크로소프트 주식을 1,061,229원에 샀어. 그리고 수익이 원금의 딱 1/2인 534,419원이 발생했어. 그래서 주식의 총 가격은 1,595,648원이 된 거야. 마치, 2개 사니까 1개를 더 주는 2+1과 같지 않니?"

자녀와 함께 경제교육을 하고 싶어도 정작 설명하는 것이 힘들다는 부모님들이 많습니다. 내가 알고 있다고 해서 모두 설명할 수 있는 게 아니니까요. 많은 분들이 이 점을 제일 어려워합니다. 더욱이 자녀가 어릴수록 이해시키는 것은 더 힘들죠. 자녀들이 한 번에 알아듣지 못하더라도 괜찮습니다. 우리 아이들에게는 아직 배울 시간이 많이 남아 있거든요. 부모님께서 계속 복습할 수 있도록 이야기해주면 우리 아이들도 모두 이해할 수 있는 날이 올 것입니다. 너무 조급해하지 마세요. 자녀는 기다려줘야 합니다.

종목명	종목코드	평가금액	매입평균가	매입금액	평가손익	평가수익률
마이크로소프트	MSFT	1,595,684원	$233	1,061229원	534,419원	50%

[연수의 마이크로소프트 50% 수익률]

종목명	종목코드	평가금액	매입평균가	매입금액	평가손익	평가수익률
하이브	A352820	396,500원	179,840원	179,840원	216,660원	120%

[연수의 하이브 120% 수익률]

주식, 펀드(Fund)&ETF 눈높이 교육

"엄마, 주식과 채권이 뭐예요?"라고 자녀가 질문하면 답해줄 수 있으신가요? 대충은 알겠는데 다른 사람한테, 특히 어린 자녀에게 설명하는 것은 어렵습니다.

"엄마, 주식이 뭐예요?" 초등학생 연수가 묻습니다.

"엄마가 금쇼맘 식당을 오픈할 거야. 그럼 엄마는 많은 돈이 필요하겠지? 식당도 얻어야 하고, 인테리어도 다시 해야 되고, 테이블과 의자도 사야 되고, 주방 아줌마 월급도 줘야 하고, 식재료와 식기 등도 사와야 되고, 식당 홍보도 해야 되고…. 우와, 진짜 돈이 많이 필요하겠다. 그럼 엄마가 가지고 있는 돈에서 부족한 것은 은행에 가서 대출을 받아야 해. 대출을 받으면 엄마는 매달 대출이자를 내야 해서 부담이 되는데, 엄마 친구 앵이 이모하고 할머니께서 엄마의 음식 솜씨가 좋다는 걸 알고 식당을 여는 데 필요한 돈을 좀 주기로 한 거야. 빌려준 건 아니야. 그래서 빌려준 것에 대한 이자를 줄 필요는 없어. 이것을 '투자한다'고 해. 즉, 엄마가 음식 솜씨가 좋아서 손님들이 많이 오고 돈을 많이 벌 것 같으니까 할머니하고 앵이 이모는 엄마한테 투자를 한 거야. 우리는 이런 투자자를 '주주'라고 불러. 이제 엄마가 그 투자금을 가지고 장사를 해서 돈을 벌게 되면 번 돈의 일부를 이 주주들에게 고맙다는 의미로 나눠줄 거야. 이것을 '배당'이라고 해. 그런데 장사가 잘 안 되는 거야. 그랬더니 주주들이 메뉴를 바꾸는 것이 좋겠다고 의견을 냈어. 그래서 돈가스에서 김치찌개로 메뉴를 변경하고 인테리어도 바꿨어. 이렇게 주주들이 의견을 내는 것을 '의결권'이라고 해. 다행히도 장사가 잘되어서 매년 매출이 증가했어. 그래서 엄마는 이모하고 할머니한테(주주) 매년 1,000만 원씩 배당했지. 그 두 사람은 정말 좋겠지? 그리고 장사가 너무 잘되어서 포장용 김치찌개를 판매하기로 했어. 그래서 김치를 만들 공장이 필요해. 그럼 엄마는 또 많은 돈이 필요하겠지? 땅을 사서 김치공장을 세워야 하고, 기계를 사야 되고, 공장에서 일할 사람들도 많이 필요할 테니까. 그럼 매년 배당을 받았던 주주들은 엄마한테 또 투자를 할까?"

"투자할 것 같아. 왜냐면 엄마의 김치찌개는 맛있거든!"

"이제 엄마는 욕심이 생겼어. 포장용 금쇼맘 김치찌개를 우리나라에서 제일 큰 Lee마트에서 팔고 싶은 거야. 그래서 Lee마트에 사업 계획서를 보냈고, Lee마트에서 연락이 왔어. 엄마는 회사의 자본금 규모, 매출액 등을 공개했고, Lee마트에서는 심사를 통해 판매를 할 수 있도록 허용해줬어. 이제 금쇼맘 김치찌개는 Lee마트에서 거래가 되겠지? 이제는 김치찌개가 더 많이 팔릴 거야. 만약 잘 팔린다면 김치찌개 가격은 올라갈 테고, 잘 안 팔린다면 20% 가격 할인 같은 것을 해야 되겠지? 자, 이 상황을 주식으로 생각해볼까? 주식도 이렇게 사고파는 사람들이 있어서 거래된 가격으로 주가가 결정되는 거야. Lee마트같이 주식이 거래가 되는 곳을 '증권거래소'라고 하고, 우리나라에는 여의도에 '한국거래소'라고 1곳이 있어. 하지만 모든 기업의 주식이 한국거래소에서 거래되는 것은 아니야. 'IPO(Initial Public Offering)'라고 하는 기업공개를 통해서 심사를 받고 허락이 되어야만 하고, 이것을 '상장한다'라고 이야기해. 그리고 기업의 매출과 증가에 따라 그 기업의 주가가 오르고 내리고… 즉, 변동을 하게 되는 거란다."

초등학교 6학년, 그리고 고등학교 1학년 사회 시간에 경제에 대해 배웁니다. 우리가 그전에 미리 자녀와 대화를 나눠둔다면 자녀의 학교 성적에도 큰 도움이 될 것입니다. 저학년의 눈높이 설명은 꽤 어렵습니다. 고등학교 1학년 때 사회를 배우는데, 아이가 친구들이 정말로 주식, 채권 등을 어려워한다면서 자기는 엄마한테 미리 배워둬서 정말 다행이라고 이야기하네요. 그리고 100점을 맞았습니다.

만약, 여러분이 현재 10만 원이 있는데 딸이 스테이크를 너무 먹고 싶다고 하면 어떻게 하실 건가요? 일단 스테이크 맛집을 검색해보겠죠? 리뷰는 좋은데 가격이 비쌉니다. 10만 원이라는 예산보다 돈이 더 필요합니다. 광고성 리뷰인지, 리얼 리뷰인지도 잘 모르겠습니다. 스테이크가 모두 비쌉니다. 예산을 벗어납니다. 그렇다면 이렇게 해볼 수 있습니다. 먼저 ○○패밀리 레스토랑으로 갑니다. 그곳에는 스테이크도 있고, 파스타, 샐러드 등 다른 메뉴가 있으니 스테이크도 먹을 수 있고 예산에도 맞습니다. 스테이크, 파스타 그리고 샐러드를 시켰습니다. 아뿔싸! 스테이크가 생각보다 맛이 없습니다. 하지만 파스타와 샐러드가 너무 맛있습니다. 그렇다면 여러분의 기분은 어떤가요? 스테이크는 별로였지만 다른 것들이 맛있었으니 그나마 맛있게 먹었다고 평가하지 않을까요?

우리가 주식 투자를 할 때도 마찬가지입니다. 어떤 기업의 주식을 사야 되는지 공부가 충분히 되지 않아 선뜻 선택하기 힘들 때, 또는 주가가 너무 비싸서 살 수 없을 때 우리는 '펀드(Fund)'라는 금융상품을 살 수 있습니다. 즉, 펀드는 양식뷔페, 일식뷔페 또는 과자종합선물세트처럼 비슷한 종류의 주식 또는 채권을 묶어둔 것이라고 생각하면 됩니다.

▎주식 (Stock) vs 펀드(Fund)

[주식 Stock]
➤ 직접 투자
➤ 1개의 종목
➤ 본인의 투자금에서 이익&손실 발생
➤ 시장 거래 가능

[펀드 Fund]
➤ 간접 투자
➤ 40~50개의 종목
➤ 집합자금에서 이익&손실 배분
➤ 시장 거래 불가

주식 VS 펀드

그런데 이 펀드는 바로 거래(매매)할 수가 없습니다. 내가 오늘 이 펀드를 매수한다고 해도 오늘이 아닌 2일 또는 3일 후의 가격으로 매수됩니다. 즉, 내가 오늘 10만 원으로 일식뷔페를 먹고 싶어도 레스토랑의 특성상 지금은 예약만 가능한 것이고, 3일 후에 와서 먹을 수 있다는 뜻입니다. 가격 또한 오늘은 10만 원이지만, 3일 후에는 더 올라갈지 더 내려갈지 모른다고 합니다. 그날의 생선 가격에 따라 달라진다고 하네요. 미리 예약도 해야 되고, 가격도 정확하지 않고 여러 가지로 불편합니다. 그래서 예약 없이 그날 가격으로 바로 거래할 수 있는 펀드가 생겼습니다. 이를 ETF(Exchange Traded Fund, 상장지수펀드)라고 합니다. 즉, 예약 없이 그날 가격으로 바로 일식뷔페에 가서 음식을 먹을 수 있는 것입니다.

만약 주식 투자가 처음이라면 ETF를 공부해보는 걸 추천합니다. 특히, 자녀와 함께 투자하기에는 ETF가 좋습니다. 산업군에 대한 공부를 할 수 있고, 그 산업군의 으뜸 기업들에 대해 알아볼 수도 있습니다. 여러 가지 장점을 가진 ETF 시장은 미국을 중심으로 매년 엄청난 성장을 하고 있습니다.

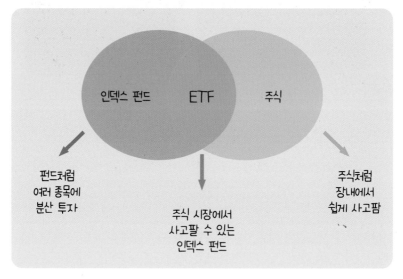

ETF의 장점

자녀와의 대화
에피소드 1

"엄마, 주식 거래가 뭐예요?"

초등학교 3학년이었던 연수가 물어봅니다. "엄마, 적금은 가입한다고 하는데, 왜 주식은 거래한다고 이야기해?" 듣고 보니 맞는말입니다. 통상적으로 주식은 거래한다고 이야기합니다. 영어로는 트레이딩(Trading)한다고 하지요.

"연수야, 거래를 한다는 건 물건을 사고파는 걸 이야기하는 거야. 그렇지?"

"그럼, 주식 거래는 주식을 사고판다는 건가? 어디에서? 어떻게?"

이해가 되지 않는다는 표정입니다. 우리는 통상 주식, 채권,

펀드 그리고 ETF를 많이 거래합니다(그중에서도 채권은 주로 채권형 펀드 또는 채권형 ETF를 통해서 거래합니다).

"연수야, 우리가 물건을 사고팔 때 주로 어디에서 거래하지?"

"시장."

"그렇지? 그럼, 주식은 주식 시장에서 거래되겠네."

"응. 주식 시장이라는 말 들어봤어."

"주식 또는 증권이 거래되는 유통 시장을 증권거래소라고 해. 우리나라에는 여의도에 한국거래소가 있어. 그리고 이곳에 대표적으로 3개의 주식 시장이 있는데, 첫 번째는 코스피(KOSPI) 시장이야. 주로 우리나라를 대표하는 대기업의 주식이 거래되지. 두 번째는 코스닥(KOSDAQ) 시장인데, 이곳에서는 주로 IT기업이나 벤처기업들의 주식이 거래되고 있어. 마지막으로 코넥스(KONEX) 시장인데 중소기업들의 주식이 거래되는 곳이야. 연수는 코스피 시장을 많이 들어봤을 거야."

"엄마, 미국에는 어떤 주식 시장이 있어? 우리나라보다 더 크겠네."

"미국 월 스트리트에는 전 세계에서 가장 큰 뉴욕증권거래소(NYSE)가 있어. 제2차 세계대전 이후 뉴욕에 자리를 잡았고, 그러면서 뉴욕이 세계 제일의 금융도시가 되었어. 그리고 우리나라 코스닥 같은 나스닥(NASDAQ) 시장이 있는데, 그 규모는 우리나라의 코스닥보다 몇 배 더 크고, 미국의 유명한 벤처기업들이 상장되어 있어. 빌 게이츠(Bill Gates)의 마이크로소프트, 인텔 등이 이곳에 등록되어 있어. 세 번째는 아메리카증권거래소(AMEX)인데, 규모는 뉴욕증권거래소의 1/10밖에 안 되지만 역사도 오래되었고, 세계 5 대 증권거래소 중 한 곳이야. 연수야, 미국의 뉴욕증권거래소에 있는 주식을 어떻게 살 수 있을까? 미국에 가야 되나?"

"엄마, 증권사에서 미국 주식 사는 거 아니야?"

"그렇지, 우리나라 증권사의 트레이딩 시스템 MTS 또는 HTS 를 통해서 우리가 미국에 상장되어 있는 미국 기업의 주식을 온라 인 직구할 수 있는 거지."

"그럼, 미국 주식을 온라인 매수해볼까?"

아직 증권사의 계좌가 없으시다면 증권사 계좌부터 개설하셔 야 합니다. 그리고 해외 주식을 신청한 뒤 계좌에 돈을 입금하고, 그 돈(원화)을 외화(달러)로 환전하셔야 합니다. 그런 다음 어떤 주식 을 살지 종목 검색을 통해 찾은 뒤, 호가 창에서 그 주식을 얼마에 살 건지 또는 얼마에 팔 건지 가격 흥정을 한 뒤, 수량을 넣어서 거 래를 완성(체결)하셔야 합니다. 내가 싸게 사고 싶다고 너무 싼 가 격을 부르면 체결되기 어려울 수 있습니다. 왜냐하면 내가 제시한 그 싼 가격으로 파는 사람이 있어야 거래가 체결되는 거니까요. 만 약 미체결이라면 다시 매수하셔야 합니다.

2

용돈관리
시스템 만들기

자녀 스스로
예산 세우기

5년 전 자녀와 함께 금융쇼핑을 시작할 수 있게 자극을 준 책 3권을 소개하면서 제 이야기를 시작하겠습니다. 첫 번째 책은 미국의 유명한 재무컨설턴트인 데이브 램지(Dave Ramsey)와 그의 딸 레이첼 크루즈(Rachel Cruze)가 쓴 《내 아이에게 무엇을 물려줄 것인가》입니다. 데이브 램지는 미국의 유명한 재무관리 및 사업 상담 전문가로 미국인에게 가장 신뢰받는 라디오 진행자이자 강사이며, 《절박할 때 시작하는 돈 관리 비법》 등, 그의 많은 저서들은 〈뉴욕 타임스〉가 선정한 베스트셀러로 다 합쳐 700만 부가 넘게 팔렸습니다. 또한 그가 진행하는 〈데이브 램지 쇼〉의 청취자 수가 매주 600만 명이 넘는다고 합니다. 또 다른 저자 레이첼 크루즈는 데이브 램지의 큰딸로 램지 가문의 자녀로 성장하며 직접 체득한 지식과 경험을 바탕으로 미국 전역의 청소년과 젊은이들에게 돈을 올바르게 관리하는 법과 노동과 소비에 대한 올바른 가치관을 교육하고 있습니다. 이 책은 재정적으로 힘들었던 시기를 어떻게 잘 극복했는지에 대해 담고 있고, 가족이 직접 체험하고 효과를 본 자녀 경제교육을 잘 보여줍니다.

그중에서도 저에게 가장 임팩트 있게 다가온 내용은 제6장입니다. 예산에 대한 내용을 적어두었는데, 이 책에서는 예산을 다음과 같이 정의하고 있습니다.

"예산을 계획하지 않는 것은 실패를 계획하는 것이다."

이 말을 보는 순간 머리를 뭔가로 맞은 듯했고 한동안 깊은 생각에 빠지게 되었습니다. 여러분은 어떤 느낌이 드시나요? 재무적 예산을 이렇게까지 확장 해석할 가치가 있을까라는 의구심도 들었지만, 책을 계속 읽어갈수록 예산 수립의 중요성은 점점 더 선명해져갔습니다. 책 내용 중 다음의 3가지를 여러분도 소리 내어 크게 읽어보면 좋겠습니다.

1. 《성공하는 사람들의 7가지 습관》의 저자인 스티븐 코비(Stephen Covey)는 이렇게 이야기한다. "열네 살 아이나 쉰네 살 어른이나 예산을 짠다고 하면 이는 곧 계획대로 생활하는 것을 말한다." 성공한 사람들은 일이 닥쳤을 때 '대응'하기보다는 상황을 '주도적으로' 이끈다. 자녀에게 예산을 수립하는 법을 가르치는 것은 곧 미래를 계획하는 법을 가르치는 것이다."

2. 리더십 전문가로 잘 알려진 존 맥스웰(John C. Maxwell)은 "예산은 돈이 어디로 갔는지 궁금해하는 대신 돈이 어디로 가야 하는지 지시하는 것"이라고 이야기했다.

3. 부모라면 누구나 나의 자녀가 이렇게 삶을 설계할 줄 아는 특별한 아이로 자라길 바랄 것이다. 앞일을 생각하면 계획하는 법을 배운 아이들은 매사에 흔들림 없이 자신감 있게 살아간다. 갑자기 들이닥치는 상황에 허둥지둥하지 않고 인생을 주도하며 살아간다.

이 책은 한마디로 '자본주의 세상에서 자녀가 잘 살기를 바란다면, 돈을 물려주기보다 돈과 노동, 그리고 나눔의 의미를 제대로 알려줘라. 자본주의 세상에 자녀를 내놓으면서 돈을 가르치지 않는 것은 부모의 직무유기이다'라고 이야기하고 있습니다.

여러분은 자녀에게 무엇을 물려주고 싶으신가요? 만약 저와 같은 생각을 하신다면 제 책이 여러분에게 도움을 드릴 수 있을 것 같습니다. 데이브 램지의 책을 읽은 후 자녀에게 올바른 경제교육을 시켜야겠다 생각하고 바로 실천에 옮겼습니다. 처음에는 무엇을 할지 몰라서 그냥 이 책을 무작정 따라 했습니다. 책을 읽고 이렇게 빠른 실천으로 옮긴 것도 이 책이 처음인 것 같습니다. 부모란 존재는 그런 것 같습니다. 만약 나를 위한 것이라면 이렇게 빠른 행동이 나오지 않을 것 같은데, 자녀를 위해서, 또는 자녀와 함께라는 말이 들어가면 부모들은 무조건 움직입니다. 여러분도 다르지 않을 것입니다. 이제 여러분은 저의 덫에 걸리셨습니다. 그래서 제가 그랬던 것처럼 여러분도 제 책을 보면 바로 실천으로 옮기게 될 것입니다.

　제가 처음 실천으로 옮긴 것은 자녀에게 예산을 짜게 하는 것이었습니다. 아이들이 예산을 짜려면 용돈이 필요했습니다. 그전부터 용돈을 주고 있었지만 이름만 용돈이었고 제 역할을 못하고 있었기에 인터넷 검색을 통해 '용돈 계약서'라는 양식을 찾을 수 있었고, 그 양식을 바탕으로 제 아이들의 나이에 맞게 용돈 계약서를 재설정해서 작성했습니다. 이제부터는 자녀의 나이별로 용돈 계약서를 작성하고 실천하는 방법에 대해 자세히 말씀드리겠습니다. 잘 따라오셔야 합니다.

자녀와 용돈 계약서 작성하기

　5년 전 큰아이 연진이는 초등학교 6학년이어서 용돈이라는 개념을 잡아주기에 딱 좋은 나이였습니다. 자기 용돈으로 화장품을 1~2개씩 사기 시작했고, 생일에 친구들과 원하는 선물을 주고받기 시작했기 때문에 소비에 대한 개념을 잡아주기 딱 좋은 나이였습니다. 원칙은 간단했습니다. 원하는 것을 사려면 돈이 필요하고, 그 소비는 용돈 내에서 이뤄져야만 하며, 만약 소비를 위한 돈이 더 필요하다면 그건 '홈 아르바이트'를 통해서 스스로 벌어서 소비해야 한다는 것이었습니다.

자녀 용돈 계약서

1. 이 계약서는 부모(   )와 자녀(   )의 용돈 계약서임.
2. 용돈을 받는 기간은 (매달 1일)로 정한다.
3. 용돈의 금액은 (₩100,000/1달)로 정한다.

4. 용돈은 아래와 같이 배분해 쓴다.
*저축   20%   사고 싶은 물건이나 쓰고 싶은 곳에 사용한다.
*투자   20%   매달 결산 시(20%) 투자금의 1,000%를 엄마가 더 투자해
준다.
*기부   10%   매달 결산 시(10%) 기부금은 소비 통장에서 자동이체를
걸어둔다.
*소비   50%   체크카드 사용, 용돈기입장 미작성, 자유롭게 사용한다.

5. 용돈이 부족한 부분은 홈 아르바이트로 벌어 충당할 수 있다.
*실내화 빨기(한 켤레)   ₩1,000
*할아버지 & 할머니 안마(10분)   ₩1,000
*동생 공부 가르치기(1시간)   ₩3,000
*설거지하기   ₩1,000

6. Extra money(친척, 타인에게 받은 용돈)는 일단 100% 원천징수 후 재
분배한다.
*10%   자녀 주기
*90%   투자
7. 매월 말일에 용돈 결산을 한다.
8. 연초에 용돈 협상을 한다.

20   년   월   일
계약자 :   (인)
계약자 :   (인)

연진이와 연수의 용돈 계약서

반면, 초등학교 1학년이었던 연수는 아직 소비라는 개념이 잡히지 않았기 때문에 소비보다는 저축(투자 포함)에 더 중심을 두었습니다. 저축을 하다 보니 큰돈이 생겼고, 큰돈이 생기니 내가 원했던 물건들을 더 많이 또는 더 좋은 것들을 살 수 있게 된다는 것을 알게 된 것입니다. 또한 소비 자금이 필요한 언니를 따라 자연스럽게 홈 아르바이트를 하다 보니 저금통에 더 많은 돈이 쌓이는 것을 보면서 즐겁게 홈 아르바이트를 하기 시작했습니다.

이렇게 소비, 저축, 투자 그리고 기부의 비중도 자녀의 나이별로 다르다는 것을 알 수 있습니다. 고학년이 될수록 용돈의 소비 비중은 늘어납니다. 하지만 절대 50% 이상을 넘지 말라고 조언하고 싶습니다. 대신 홈 아르바이트를 통해서 돈을 스스로 만들 수 있도록 해주시면 좋습니다.

〈잠깐! 금융쇼핑 Tip!〉
자녀가 용돈을 벌 수 있는 홈 아르바이트 리스트

유대인들이 하는 집안일의 강도는 좀 더 셉니다. 그리고 용돈이라는 말을 쓰지 않습니다. 당연히 해야 할 일을 하므로 거기에 대한 대가를 주는 것은 옳지 않다고 합니다. 그 부분은 부모님의 철학에 따라 결정하시면 될 것 같습니다. 아이가 스스로 해야 되는 당연한 일은 빼고, 가족들을 위해 하는 집안일에는 그 대가를 줍니다. 그러면 신이 나서 더 열심히 합니다.

** 유치원생까지 **

장난감 정리하기 / 현관 신발 정리하기 / 정리한 빨래 각자 방에 배달하기 / (동생이 있다면) 동생의 장난감도 정리해주기 / 식구들이 밥 다 먹은 뒤 그릇 설거지통에 넣기 / 주말에 부모님 안마하기

** 초등학생 **

현관 신발 정리하기 / 빨래 널기 및 개기 / 학교 실내화 빨기 / 동생 실내화도 같이 빨기 / 식사 후 식탁 정리하기 / 청소기 돌리기 / 재활용 분리수거 정리하기

** 중학생 이상 **

동생 공부 봐주기 / 동생 밥 차려주기 / 설거지하기 / 동생 방 청소하기 / 학교 실내화 빨기 / 동생 실내화 빨기 / 집 안 전부 청소기 돌리기 / 재활용 분리수거 정리하기

앞서 보여드린 용돈 계약서를 보면 홈 아르바이트 리스트가 있는 것을 알 수 있습니다. 그리고 현재 초등학교 6학년인 연수 기준의 아르바이트 리스트와 고등학생인 연진이의 리스트가 다르다는 것을 알 수 있습니다. 당연하겠죠? 처음에는 가정의 자녀들 나이별로 홈 아르바이트 리스트를 만들어주는 것입니다. 이렇게 시작해서 생활하다 보면 아이들 스스로 홈 아르바이트 리스트를 작성하고, 기꺼이 아르바이트를 통해 돈을 모으려고 하는 욕심이 생기게 됩니다.

다음에 보여드리는 홈 아르바이트 사진은 제가 제일 사랑하는 고객인 3남매의 홈 아르바이트 리스트입니다. 초등학교 4학년인 큰아이와 1학년인 둘째 아이가 저의 강의를 듣고 바로 실천에 옮겼고, 날이 갈수록 리스트가 정리되고 거기에 따른 아이들의 꿈이 생기는 것을 볼 수 있습니다. 일단 이 아이들의 꿈은 아르바이트로 번 용돈으로 자신들이 원하는 기업의 주식을 사는 것입니다. 엑셀로 아이들이 스스로 만든 것이고(처음 것과 비교해보면 상당히 발전했다는 것을 볼 수 있습니다) 집은 점점 깨끗해지고 있습니다. 덕분에 3남매의 엄마는 잠시나마 자기만의 시간을 가질 수 있게 되었습니다.

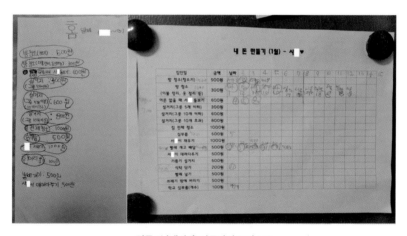

전주 3남매의 홈 아르바이트 리스트

자동 용돈관리 시스템
만들기

어른들은 연봉 또는 평균 사업소득이 있어서 1년 단위로 예산을 세울 수 있습니다. 그래서 예산을 먼저 세우고 거기에 맞게 생활하게 됩니다. 하지만 자녀들은 부모님이 주는 용돈이 곧 월급이 됩니다. 그럼 얼마를 용돈으로 책정해야 하는 걸까요? 자녀 용돈의 액수는 부모님의 철학과 자녀의 나이에 따라 다르게 책정될 것입니다. 제가 몇 년간 해본 결과 보수적으로 잡는 것이 좋고, 소비는 용돈의 50%를 넘지 않도록 하며, 꼭 기부도 하기를 추천합니다. 그리고 고학년의 경우 자녀와 대화를 통해서 자녀의 생활 패턴을 고려해 정하는 것이 좋습니다. 이에 대해서는 소비 편에서 자세히 말씀드리겠습니다.

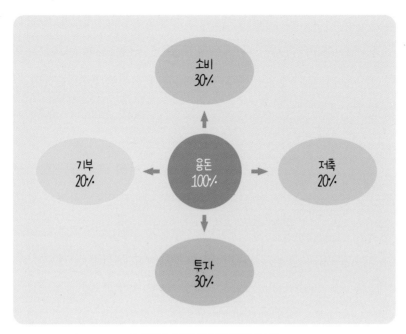

유치원생·초등학생의 용돈관리 시스템

    용돈 시스템에서의 핵심은 올바른 소비 습관을 잡아주는 것과 돈이 생기면 저축과 투자는 무조건 해야 된다는 것을 알려주는 것입니다. 아이들의 경우, 예산을 어떻게 세워야 되는가에 대한 고민을 하는 것보다는 이런 식으로 먼저 시작하고 계속 조율해가는 것이 좋습니다. 그러다 보면 자연스럽게 자녀들 스스로 예산을 세우면서 생활하는 모습을 보실 수 있습니다.

    아이들에게 있어 소비 개념은 학교와 학원이라는 단체 생활을 하면서 자연스럽게 생깁니다. 이때부터 올바른 소비 습관을 잡아주는 것이 정말 중요합니다. 주변에 보면 일명 '엄카(엄마 카드)'를 사용하는 학생들이 많이 있습니다. 무언가를 사야 할 때 당연하듯 엄카를 들고 갑니다. 아직 우리 사회가 아이들에게 경제교육을 시키지 않기 때문에 많은 부모님들이 그 중요성을 놓치고 있는 것 같습니다.

지난 9년간 재무컨설팅을 하면서 많은 사회 초년생들을 상담했는데, 그 친구들이 저축을 안 하고 미루는 가장 큰 원인은 보복소비 심리 때문이었습니다. 대학입시 준비, 취업 준비 등으로 그동안 하지 못했던 욕구들을 마음껏 해소해보고 싶다는 이유입니다. 2년 정도만 그렇게 마음껏 나 자신을 위해 써보고 싶다고 말합니다. 저도 심적으로는 충분히 그 마음을 이해합니다. 하지만 2년이 지났다고 갑자기 그 소비 습관을 버리는 것이 쉽지 않다는 것을 알기 때문에 많이 안타까울 뿐입니다. 그래서 소비를 시작하는 우리 아이들이 반드시 예산 안에서 소비가 이뤄져야 한다는 것을 어릴 때부터 알게 해주고 싶었습니다. 이것이 전 세계 부의 약 40%를 차지하고 있는 유대인의 가정에서 부모들이 가르치는 자녀 경제교육의 핵심이기도 합니다.

앞서 보신 자료는 유대인들의 자녀 경제교육을 그대로 따라 한 연진이, 연수의 용돈 시스템입니다. 다시 말씀드리지만, 따라 하고 싶은 롤모델을 정해놓고 그대로 따라 하면서 점점 우리 집 환경에 맞게 응용해서 적용하면 됩니다.

연진이와 연수는 5살이라는 나이 차이가 있기에 용돈의 액수와 소비의 양이 다릅니다. 고등학생인 연진이의 경우에는 용돈 100% 중에서 20%는 저축으로, 20%는 투자로, 10%는 기부로 먼저 원천징수해놓고, 나머지 50%만을 현재 쓸 수 있는 소비 자금으로 책정한 다음 연진이가 그 50% 안에서는 자기 마음대로 쓸 수 있도록 자유를 주었습니다. 초등학교 6학년인 연수의 경우에는 용돈 100% 중에서 20%는 저축으로, 30%는 투자로, 20%는 기부로 정하고, 나머지 30%만 소비합니다. 이렇게 용돈의 비중을 정한 뒤에는 아이들이 어디에 소비했는지 물어보지도 않고, 소비에 대한 용돈 기입장도 적지 않습니다. 나도 가계부 적는 것이 싫은데 어떻게 아이들에게만 적으라고 하겠습니까? 하지만 용돈 기입장을 반드시 써야 한다고 이야기하는 분들이 계실 것입니다. 유대인들도 자녀에게 용돈 기입장을 적게 시킵니다.

가계부를 적어야 하는 궁극적인 이유는 뭘까요? 불필요한 소비를 줄이고, 저축할 돈을 만들려는 이유가 제일 클 것입니다. 다시 말해 예산을 세우고 예산대로 생활할 수 있도록 가계부란 툴(Tool)을 사용하는 것입니다. 그렇다면 가계부는 매일매일 적어야만 하는 것인데, 밀렸다가 주말에 써야지 하고 생각하는 분들도 있습니다. 실제로 주말 과제가 잘되던가요? 우리 현대인은 무척 바쁩니다. 우리 자녀들 역시 바쁩니다. 그래서 모바일 가계부도 개발되었습니다. 하지만 원래의 목적에 맞게 잘 이용하고 계신가요?

자, 예산을 세우고 가계부를 적지 않더라도 예산대로 생활할 수 있는 자동 시스템이 있다면 어떨까요? 무슨 일을 시작할 때 우리는 늘 굳은 결심과 단단한 의지를 내세워서 시작합니다. 그리고 오래가지 않아 중도 포기하는 경우를 많이 봤습니다. 가계부 작성 역시 매해 초마다 하는 결심 중 하나입니다. 하지만 사람의 의지만으로 목표를 달성하는 것은 정말 쉽지 않은 일입니다. 그렇기에 저는 무슨 일을 계획하고 목적을 달성하고 싶을 때는 먼저 시스템을 만듭니다. 그 시스템이 자동으로 반복되면서 어느덧 나의 습관이 되어 목표를 달성할 수 있다는 것을 말씀드리고 싶습니다. 단, 그 시스템은 단순하고, 쉽고, 편리해야만 오랫동안 이용할 수 있습니다. 연진이와 연수의 용돈관리 역시 시스템으로 돌아가면서 아이들은 어느덧 좋은 소비 습관과 투자 습관을 가지게 되었습니다. 부모님의 월급 관리인 'All-in-One 시스템'도 있는데, 그것에 대해서는 다음 기회에 말씀드리겠습니다. 이 책에서는 우선 자녀들의 용돈관리 시스템부터 자세히 이야기하겠습니다.

앞서 이야기한 것처럼 자녀의 용돈관리 시스템은 만 12세 이상의 청소년과 만 12세 이하의 초등학생으로 나눠 설명하겠습니다. 그 이유는 만 12세 이상 미성년자들은 은행의 체크카드를 만들 수 있기 때문입니다. 또한 초등학교 진학 전 아이들은 아직 용돈의 개념보다는 더 중요한 포인트가 있기 때문에 용돈관리 시스템을 아직은 만들지 않습니다.

만 12세 이상의
소비 통장

첫 번째로 만 12세 이상의 자녀 용돈관리 시스템을 먼저 소개하겠습니다. 제일 먼저 용돈을 얼마 줘야 될지 기준을 잘 모르시겠죠? 그래서 저는 소비를 용돈의 50%로 책정해둔 뒤, 연진이와 대화를 통해 그 금액을 먼저 정합니다. 그러면 용돈 100%의 금액이 나오겠죠? 만약 소비 금액이 50,000원으로 나왔으면, 전체 용돈의 액수는 100,000원이 되는 것입니다. 그리고 소비 금액을 부모님이 일방적으로 정하기보다는 자녀와 대화를 통해서 결정해야만 자녀의 반발이 없고 오래 지속됩니다. 그리고 소비 금액은 좀 보수적으로 잡는 것이 좋습니다. 용돈관리를 하는 이유 중 노동의 가치를 알려주고 싶은 것도 있기 때문에 용돈을 넉넉히 책정한다면 그 의미가 퇴색될 수 있으므로 용돈의 액수는 약간 보수적으로 설정하는 것이 맞습니다. 고등학생인 큰딸 연진이와 올 초에 용돈 협상한 내용을 공개합니다. 저와 연진이는 이렇게 매년 초에 용돈 협상을 합니다. 참고로 연진이는 용돈 협상의 스킬이 매년 늘고 있습니다.

"연진아, 일주일에 학원에 몇 번 가지?"

"일주일에 4번 가."

"그중에서 하교 후 바로 학원 가는 날이 몇 번 있지?"

"1번 있어."

"그럼 저녁을 밖에서 먹어야 하나? 같이 밥 먹을 친구는 있어? 요즘 한 끼 밥값이 평균 얼마 정도 해?"

"작년까지는 6,000원 정도였는데, 올해는 많이 올라서 7,000원 정도 해."

"그럼 한 달을 5주로 계산하면, 외식비용으로는 7,000원×5번 =35,000원이네."

"엄마, 그중 토요일에는 수학 끝나고 2시간 후에 영어학원에 가야 하는데, 중간에 집에 갔다 다시 나오는 시간이 애매해서 친구랑 커피숍 가서 공부하다가 영어학원에 바로 갈게."

"그럼 커피숍 가서 뭘 마시는데?"

"녹차. 대략 3,500원 정도 해. 내가 스타벅스 주주라서 스벅에 가고 싶은데, 비싸기도 하고 사람이 많아서 어수선해. 그 앞에 ○○커피숍 이 조용하고 값도 싸."

"그럼 음료 값으로 3,500원×5번=17,500원이네."

"엄마, 교통비는 한 달에 10,000원 정도 해요."

"그럼 총 62,500원이구나. 한 달을 5주로 계산해주었지만, 너도 알다시피 4주인 달도 많으니까, 60,000원으로 계산하자. 오케이?"

이렇게 해서 2021년 고등학교 2학년이 된 연진이의 용돈 중 소비 금액이 월 60,000원으로 책정되었고, 용돈의 100%인 총액은 120,000원이 되었습니다. 연진이와 저의 대화를 보면서 어떤 생각이 드셨나요? 연진이는 식비를 자기가 계산하면서 해마다 물가(식비)가 오르고 있다는 것을 알게 되었습니다. 그리고 물가 상승률이라는 용어를 생활하면서 자연스럽게 알게 되고, 실제로 체감하기 때문에 물가 상승이 자신의 용돈을 갉아먹는 무서운 존재라는 것도 알게 되었습니다.

특히, 이 부분에서 많은 부모님들이 자녀의 책값, 옷값 등은 어떻게 하냐고 물어보십니다. 공부에 필요한 책을 연진이가 이야기하면 기쁜 마음으로 바로 제가 인터넷으로 구매해줍니다. 즉, 제가 사주는 것이죠. 그리고 옷 등의 생활 필수재는 엄마인 제가 사줍니다. 다만 학년이 올라갈수록 브랜드 네임을 보고 옷을 선택하는 경우가 많아서 한참 고민했습니다. 아이들이 어렸을 때는 기필코 브랜드 네임만 보고 사주지는 않을 거라고 다짐했었지만, 막상 아이가 고학년이 되고 유행해 민감해지는 것을 보면서 안 사줄 수만은 없었기에 생각을 달리했습니다. 일단 학생들이 많이 입는 평균적인 브랜드의 옷값을 기준으로 잡고(예를 들면 지오○○와 같은) 그 초과분에 대한 것은 일단 제가 연진이한테 대출해줘서 옷을 구매합니다. 그런 뒤에 대출을 상환할 수 있도록 대출 상환 기간까지 정해주고, 반드시 대출금을 갚도록 합니다. 그러면 연진이는 자신의 소비 용돈을 아껴서 갚거나, 저축해둔 돈 또는 홈 아르바이트를 통해서 번 돈 등으로 상환하게 됩니다. 이런 모습을 본 제 친정 부모님들은 '팥쥐 엄마' 같다고 표현하십니다. 제가 이렇게까지 하는 이유는 20대 사회 초년생들을 상담하다 보면 마이너스 통장과 신용카드 사용을 너무 쉽게 생각하고 남용하는 것을 많이 봤기 때문입니다. 그래서 우리 아이들에게는 대출의 무서움에 대해 어릴 때부터 경각심을 키워주고 싶었습니다. 저 역시 호텔에서 근무할 때는 호텔의 신용레벨이 높았기 때문에 마이너스 통장의 한도와 신용카드의 한도가 높았습니다. 그것이 마치 내가 잘나서인 것처럼 착각하고, 아무 생각 없이 사용했다가 나중에 대출을 상환하느라 고생했던 아픈 기억이 있습니다. 우리 아이들은 저와 같은 경험을 하면 안 된다고 생각합니다. 이런 것들이 진정한 자녀 경제교육이 아닐까요?

용돈 50%에 해당되는 소비 금액을 책정했다면, 이제 소비 시스템을 만들어줘야 합니다. 만 12세 이상의 자녀들에게 소비 통장 시스템은 잔액이 표기되는 체크카드입니다. 자녀와 함께 가면 좋지만 부모님 혼자 가서도 자녀의 체크카드를 만들 수 있습니다. 이

때 반드시 통장 잔액을 문자로 받는 서비스를 가입해줘야만 합니다. 그래야만 체크카드를 쓸 때마다 잔액을 알 수 있기에 당황하지 않고 컨트롤하면서 소비할 수 있게 됩니다.

이 잔액이 표기되는 체크카드 시스템은 저는 물론 저의 어른 고객분들도 사용 중이십니다. 습관을 들이기까지는 최소 3개월 이상 걸리는 것 같습니다. 연진이도 처음에는 예산을 잘못 짜서 첫 주와 둘째 주에는 여유롭게 쓰다가 마지막 주에 돈이 없어서 열심히 홈 아르바이트를 통해 소비 자금을 마련해야만 했습니다. 홈 아르바이트를 하고 싶지 않은지 이제는 제법 예산을 주 단위로 잘 짜서 생활하고 있습니다. 연진이의 표현에 따르면 잔액 표기 문자가 올 때마다 심장이 '졸깃졸깃'하다고 합니다.

〈잠깐! 금융쇼핑 Tip!〉
미성년자의 은행 체크카드 발급

필요서류
※ 은행에 방문하기 전 해당 영업점으로 꼭 전화해서 확인해보세요.
→ 기본적인 서류는 방문할 부모님 신분증, 가족관계증명서(상세), 자녀의 도장입니다(누구 도장이든 상관없습니다).
부모가 필요서류를 준비해 은행에 가서 통장 개설 〉 체크카드 만들기 〉 선불교통카드 〉 잔액 표기 서비스를 신청합니다.

만약 자녀가 시간이 된다면 은행에 같이 방문해서 만드는 것을 추천합니다. 이렇게 자녀 명의의 체크카드가 생기면 카드를 사용할 때마다 잔액을 자녀의 핸드폰으로 받을 수 있게 됩니다.

★ 미성년자 업무 처리 시 준비서류

1. 친권자(또는 후견인) 지정이 표시되는 미성년자 본인 명의의 기본증명서(상세)
2. 미성년자(또는 내점자) 본인 명의 가족관계증명서
3. 내점한 친권자(또는 후견인)의 실명확인 증표
4. 도장
※ 서류는 최근 3개월 이내 발급본
※ 주민등록번호 뒷자리 모두 표시

발급받은 연진이의 체크카드

저축, 투자 그리고 기부 통장

저축 통장(용돈의 20%를 현금으로)

저축 통장은 가까운 미래에 쓸 돈을 미리 준비하는 것입니다. 어떻게 보면 더 큰 소비를 위한 준비단계 또는 소비를 몇 달 유예시키는 방법이기도 합니다. 저축 통장의 시스템은 투명한 저금통입니다. 가까운 미래를 위한 돈이니 은행에 적금할 것 같지만 아닙니다. 은행은 이제 대출받으러 가는 곳이므로 나이 어린 자녀들이 은행에 갈 일은 없습니다. 매달 초 용돈의 20%를 현금으로 해서 이 저금통 안에 넣어줍니다. 이때 지폐를 2번 정도 접어서 많이 있는 것처럼 보이게 넣어줍니다. 또한 투명한 저금통이 좋은 이유 중 하나는 저금통이 비어 있으면 왠지 채워줘야 될 것 같은 시각적 자극을 주기 때문입니다. 이 돈 또한 간섭하지 않고 자율에 맡깁니다. 아이들은 주로 이 돈을 친구나 가족의 생일 선물을 구입하는 데 사용하는 것 같습니다. 고등학생인 연진이의 경우, 방학 때 친구들과 갈 놀이동산 입장권을 구매할 때도 많이 사용하는 것 같고, 아직 소비를 잘 모르는 연수는 굿네이버스의 후원금으로 사용하기도 합니다. 이 저축 통장은 아이들의 든든한 여윳돈 정도로 생각하시면 됩니다.

가까운 미래를 위한 저축 시스템, 투명 저금통

투자 통장(용돈의 20%를 증권사 계좌로 자동이체)

투자 통장은 용돈의 20%를 증권사 계좌로 자동이체가 되도록 해둡니다. 먼저, 증권사에 자녀와 함께 방문해서 자녀 명의로 종합 계좌(주식 트레이딩 계좌)를 만들어줍니다. 자녀가 미성년자인 경우 필요한 서류를 준비해서 영업점에 방문해야 합니다. 만약 부모님도 증권사 계좌가 없다면 비대면으로 계좌를 개설한 뒤 영업점에 방문하기 바랍니다. 시간이 오래 걸리기 때문에 부모님은 비대면으로 계좌를 개설한 뒤 자녀의 것만 영업점에 방문해서 만드는 것이 좋겠습니다. 또한 방문할 영업점에 전화해서 필요한 서류가 어떤 것인지 꼭 물어보고 확인하신 뒤 가야만 헛걸음을 하지 않으실 수 있습니다. 공통적인 서류는 가족관계증명서(주민등록번호가 다 나온 상세)이고, 방문하는 부모님의 신분증, 그리고 자녀의 도장(만약 자녀의 도장이 없다면 부모님 도장도 가능)이 필요합니다. 영업점에 방문해서 자녀의 계좌를 개설할 때 다음의 사항을 고려하면 좋겠습니다.

1. 자녀 계좌개설 신청 시 연락처 부분에 자녀의 핸드폰 번호가 아닌 부모님의 핸드폰 번호를 적으면 부모님 핸드폰에 자녀 명의의 공동인증서를 설치하기 편합니다.

2. 온라인 매수 대리인 신청을 하세요. 증권사마다 용어는 다를 수 있습니다. 이는 미성년자인 자녀들이 직접 트레이딩하기 불편하므로, 부모의 모바일앱이나 홈트레이딩에서 자녀의 계정으로 주식 거래를 대신할 수 있는 서비스를 이야기합니다. 영업점 담당자에게 이렇게 말씀하시면 이해하고 서비스를 신청해줄 것입니다. 매수와 매도는 부모님이 대신하지만, 어떤 종목을 매수할지는 자녀와 대화를 통해 함께하셔야 합니다. 되도록 함께 거래에 참여하고, 매달 자녀에게 투자 성과를 알려주는 것이 좋습니다. 그래야만

더 애착을 가지고 투자에 관심을 가지기 시작합니다. '어떤 대화를 하고 어떤 종목을 사야 되지?'라는 걱정이 앞서시죠? 걱정하지 마세요. 다음 장부터는 자녀와 함께 주식을 통한 금융쇼핑을 어떻게 하는지 아주 자세히 말씀드리겠습니다.

3. 해외 주식과 해외 ETF 거래도 신청하고, 자녀의 주식계좌를 1개 이상 개설할 예정이라면 미리 말씀하셔야 합니다. 또한 너무 보수적이고, 안전형의 투자 성향이라면 주식이나 ETF 매수 시 제한이 있음을 이해하셔야 합니다.

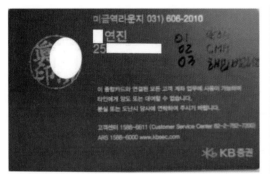

연진이의 증권사 카드(좌)와 온라인 매수 대리인 화면(우)

기부금(용돈의 10%를 초록어린이재단으로 자동이체)

각종 기부 재단을 알려주고 자녀가 직접 홈페이지에 들어가서 후원처를 선택하도록 합니다. 홈페이지에 처음 들어가본 아이들은 또래 친구 중에서도 어려운 환경에 처해 있는 아이들이 많다는 것을 알게 되었고, 특히 큰딸인 연진이는 생리대를 살 돈이 없어서 신발창을 깔거나 결석할 수밖에 없는 아이들이 있다는 것을 알고 굉장히 마음 아파했습니다. 우리 아이들은 현재 초록어린이재단을 선택했고, 그 홈페이지에 아이들 이름으로 회원가입 후 자신들 명의 계좌에서 후원금이 이체되도록 설정해두었습니다. 그렇게 하면 자녀들 명의의 후원카드가 오고, 연말에 자녀 명의로 기부금 영수증이 우편 배송되어 옵니다. 또한 감사 편지(Thanks letter)도 자녀 명의로 오게 되어, 처음으로 기부에 대한 뿌듯함을 알게 됩니다. 작년에 연수의 투명한 저금통에 있던 2만 원이 없어진 것을 알고 어디에 썼는지 물어봤습니다. 학교에서 보낼 굿네이버스의 후원금으로 사용했다고 합니다. 그전까지는 저에게 돈을 받아서 후원했었는데, 이제는 자신이 모은 돈으로 기부를 하기 시작했습니다. 이런 기특함은 바로바로 칭찬해줘야겠지요?

초록어린이재단 카드와 감사 편지

만 12세 이하의
용돈관리 시스템

이번엔 만 12세 이하, 초등학교 입학 전인 자녀의 소비 통장에 대해 말씀드리겠습니다.

초등학교 1학년~만 12세 이하의 경우

소비 통장은 용돈의 30%를 차지합니다. 다행히 아직은 소비를 할 일이 많지 않기에 용돈의 30%만으로도 가능합니다(각 가정의 상황에 맞게 비중은 조율하시면 됩니다). 이 나이 때 아이들에게는 월 단위가 아닌 주 단위로 용돈을 줘야 합니다. 만약 월 단위로 준다면 이것은 마치 우리 어른들에게 월급이 아닌 연봉을 주는 것처럼 느껴져 예산을 어떻게 세워야 할지 당황스러울 것입니다. 그리고 부모님들은 필요한 준비물들이 있으니 미리 구매해두세요. 흰색 봉투와 칭찬 스티커, 그리고 천 원짜리 지폐를 미리 준비하셔야 합니다.

연수의 경우, 1주에 용돈은 10,000원입니다. 그래서 10,000원의 30%인 3,000원을 흰색 봉투에 넣어서 봉투에 "이번 한 주도 친구들과 즐겁게 지내"라는 짧은 메모와 함께 칭찬 스티커를 마구마구 붙여서 매주 월요일 아침에 줍니다. 이 봉투를 받은 연수는 기분이 어떨까요? 정말로 한 주의 학교생활이 즐겁지 않을까요?

솔직히 연수는 크게 돈을 쓸 일이 아직 없습니다. 운동도 하다 보니 돈을 쓸 시간이 없지요. 그래서인지 투명 저금통에 돈이 많이 쌓여 있습니다. 다만 그 저금통의 돈을 노리는 언니로부터 지키는 것이 큰 숙제로 보입니다. 늘 용돈이 더 필요한 언니는 동생의 저금통을 두고 동생과 모종의 협상을 하는 것으로 보입니다. 돈을 더 가져오려는 언니와 덜 주려는 동생 사이의 팽팽한 관계 속에서 둘의 협상 기술은 점점 늘지 않을까요?

나머지 저금통, 투자 통장 그리고 기부금은 부모님이 월 단위 즉, 50,000원에서 비중을 나눠 직접 넣어줍니다. 저는 투명한 저금통에 50,000원×20%=10,000원을 넣어줍니다. 그리고 50,000원×30%=15,000원에 엄마의 지원금 15,000원을 합쳐서 매달 30,000원씩 제 월급통장에서 연수 증권사 계좌로 자동이체를 해두었습니다. 기부금은 50,000원×20%=10,000원으로 책정해서 연수는 계좌가 없기에 엄마 월급통장에서 10,000원이 자동이체되도록 해두었습니다.

만 12세 이하 초등학생의 용돈관리 시스템을 정리하면, 엄마의 월급통장에서 자녀 증권사 계좌&기부금 단체로 처음에 딱 한 번만 자동이체를 신청해두면 되고, 한 달에 한 번 현금으로 10,000원을 투명한 저금통에 넣어주고, 마지막으로 3,000원이 든 흰색 봉투 4 개를 준비하는 것입니다. 참 쉽죠?

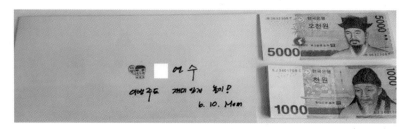

저학년의 경우, 현재 용돈은 봉투에 넣어주기

만 3~6세 아이들의 경우

이 아이들은 아직 용돈관리 시스템을 만들지 않고, 홈 아르바이트를 활용해서 노동의 기쁨을 알게 하고 저축하는 습관을 키워주는 것이 포인트입니다. 이 나이 때 아이들이 할 수 있는 홈 아르바이트라는 것은 자기 장난감을 제자리에 두기, 현관의 신발 정리하기, 개어둔 옷을 식구들의 서랍장에 갖다 넣기, 식탁 위에 수저 놓기 등 그 나이 때의 아이들이 할 수 있는 정도의 일이 좋습니다. 그리고 그 일을 끝냈을 때마다 반드시 격한 칭찬을 해줘야 합니다. 그러면 아이들은 자기가 한 일에 대한 뿌듯함과 함께 성취감도 느낄 수 있고, 신이 나서 또 홈 아르바이트를 하게 됩니다. 그리고 일이 끝났을 때마다 투명한 저금통에 동전을 넣어줍니다.

홈 아르바이트를 하기 전에는 리스트를 만들어두는 것이 좋습니다. 자녀들의 나이를 고려해서 홈 아르바이트 종목을 만들고, 비용을 책정해서 리스트를 적어주세요. 투명한 저금통에 돈이 어느 정도 쌓이면 아이의 지갑에 돈을 넣고 마트나 백화점에 가서 원하는 장난감 등을 자신의 돈으로 살 수 있게 해줍니다. 그리고 계산은 아이가 지갑에서 직접 꺼내서 할 수 있게 해주세요. 소비의 경험을 하게 되는 것입니다. 아주 어렸을 때부터 내가 모은 돈으로 올바르게 소비하는 방법을 배우는 것은 아주 값지고, 귀한 경험이 될 거라고 생각합니다.

단, 이 아이들에게 너무 큰 기대는 하지 말고, 두 가지 사실만 꼭 기억해주세요. 첫째, 가족들을 위해 자신이 할 수 있는 일을 하게 한 뒤 성취감을 느낄 수 있게 칭찬을 해주자. 둘째, 저축의 습관을 길러주자. 비록 그 저축이라는 것이 더 큰 소비를 위한 단계라고 해도, 그렇게 저축하면 원하는 더 큰 것을 얻을 수 있다는 사실을 알려주는 것은 큰 교육이 됩니다.

용돈관리 시스템이 생긴 후
아이들의 변화

큰딸 연진이의 용돈관리 시스템을 다시 정리해보면 이렇습니다.

1. 연진이의 한 달 용돈은 120,000원입니다.
2. 그중 약 16%에 해당하는 20,000원을 현금으로 투명한 저금통에 넣어줍니다.
3. 나머지 100,000원을 매달 1일에 연진이의 국민은행 체크카드에 입금해줍니다(월급통장에서 매달 1일 연진이 국민카드로 100,000원이 자동이체되도록 설정).
4. 연진이의 국민은행 체크카드에서 2일에 초록어린이재단으로 10,000원, 연진이 KB증권 주식계좌로 30,000원이 자동이체됩니다.

5. 연진이 국민카드에는 60,000원이 남고, 연진이는 그 60,000
   원으로 한 달 예산을 잘 짜서 소비합니다. 소비할 때마다 울
   리는 국민은행의 잔고 문자를 보면서 소비를 컨트롤하며 생
   활합니다.

처음에 자녀와 대화를 통해서 소비의 양을 정한 뒤, 자동이체
라는 시스템을 통해 한 번만 정리하면 그다음부터는 자동으로 시
스템이 돌아가게 되면서 자연스레 아이들 투자 통장에는 돈이 쌓
이고, 그 돈으로 아이들이 관심 있어 하는 주식이나 ETF 등을 매
수하면 됩니다. 그리고 아이들은 예산을 잘 세워서 한 달 소비 용
돈만 잘 사용하면 되는 것입니다.

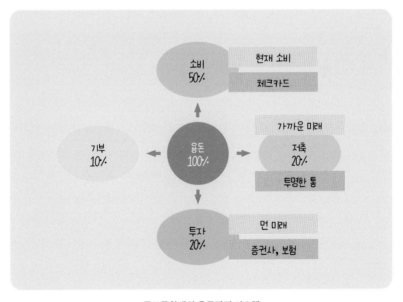

중고등학생의 용돈관리 시스템

이런 용돈관리 시스템을 오랫동안 사용하고 있는 우리 아이들에게 어떤 변화가 생겼을까요? 아이들은 달력, 수첩 그리고 화이트보드를 아주 잘 활용합니다. 왜냐하면 계획을 짜야 되기 때문입니다. 먼저 달이 바뀔 때마다 달력을 보고, 이번 달에 있을 중요 이벤트를 표시해둡니다. 이것은 혹시 돈이 필요할지 모르니 미리 필요한 돈을 모으기 위한 일종의 큰 그림 그리기 작업입니다. 이제는 연초가 되면 일 년 동안의 이벤트를 모두 적으며 일 년을 계획합니다. 그동안의 경험이 쌓이다 보니 어떤 달에 돈이 많이 필요하고, 방학 때에는 얼마의 예산이 더 필요하다는 것을 알기 때문에 미리 돈을 얼마나 더 모아야 하는지 알게 된 것입니다. 시작은 돈을 모으기 위함이었지만 이제는 자연스럽게 일 년을 계획하는 습관이 생겼습니다.

시험기간이 되면 남은 시험 일정을 계산해서 과목별로 페이지를 나누며 달력에 한 달 시험공부 일정을 짭니다. 그리고 수첩에 하루 공부 일정을 시간 단위로 나눠 적습니다. 그런 뒤 하지 못한 부분은 다른 색으로 표시하면서 스스로 피드백을 합니다. 이렇게 하는 모습을 봤는데, 시험 결과가 좋지 않다고 아이를 꾸짖을 수 있을까요?

자신의 큰 꿈은 화이트보드에 적습니다. 그래야 매일매일 볼 수 있습니다. 자신의 꿈이 적힌 화이트보드를 보면서 연수와 연진이는 무슨 생각을 할까요? 벌써부터 시간 관리를 하면서 계획적으로 성실하게 생활하는 연진이와 연수의 미래가 기대되지 않나요?

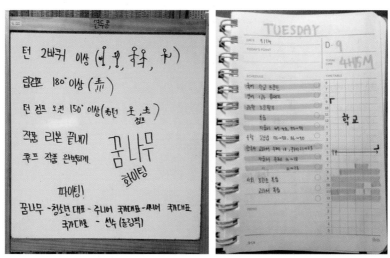

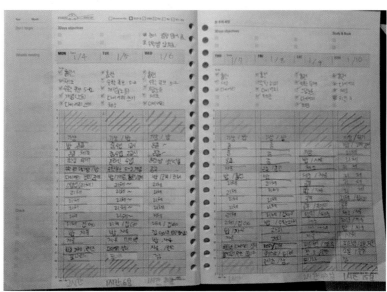

용돈관리 후 계획적으로 변한 아이들의 생활습관

자녀와의 대화
에피소드 2

"엄마도 1,000만 원 가져오세요"

3년 전 어느 날, 연진이가 이런 이야기를 했습니다.

"엄마, 연수가 대학에 합격하면 둘이 유럽으로 배낭여행 다녀올게요."

"그때는 엄마가 연수까지 대학을 보내서 돈이 없을 것 같은데, 유럽으로 배낭여행을 가려면 돈이 많이 필요해."

"걱정 마세요. 지금처럼 하면 그때 우리는 원금 1,000만 원과 수익이 약 750만 원 정도 생기니까, 원금인 1,000만 원으로 여행 가면 돼요. 그래서 밤에 잘 때마다 어느 나라로 갈지 연수랑 이야기해요."

매년 Extra Money(여유자금)로 약 100만 원씩 모으고 있고, 앞으로 7년 뒤(전체 기간은 10년) 각각 1,000만 원이라는 원금과 함께 수익률이 10% 정도 날 수 있다는 것을 알게 되고는 그 돈으로 둘이 유럽 배낭여행을 가기로 했다는 것입니다. 이 말을 듣는 순간 너무나 행복했습니다. 그 계획이 이뤄질지는 모르겠지만 7년 뒤 돈이 생긴다는 것을 알기에 이런 계획도 세울 수 있는 것이 아닐까요? 혹시 자녀가 아무런 꿈이 없다고 걱정하고 있나요? 그럼 일단 돈을 모아줘보세요. 우리 아이들처럼 소소하지만 행복한 꿈을 꾸면서 그 꿈이 이뤄지길 기다리며 계획을 짜기 시작할 테니까요!

저도 그 여행에 끼워달라고 하자 두 딸이 "엄마도 1,000만 원 준비해오세요"라며 아주 깜찍한 말을 합니다. 누구 때문에 돈을 모으게 된 것인데, 그건 몰라주네요. 하지만 이런 아이들의 모습을 보면서 제가 지금 아주 잘하고 있다는 생각과 함께 희망이 보입니다.

실제로 20대들을 상담해보면 미래에 대한 생각이나 플랜을 가지고 있는 친구들이 많이 없다는 것을 느낍니다. 생각해볼 시간도 없이 대학 입시라는 목표만 보며 달려왔고, 그 뒤에는 취직이라는 목표만 보며 달려왔기에 그 이후의 삶을 고민해본 적이 없는 것입니다. 많이 안타깝습니다. 그렇다고 억지로 내 생각을 끼워줄 수는 없습니다. 그건 내 생각이지, 그들의 생각이 아니니까요. 그래서 20대 친구들을 상담할 때 연진이와 연수에게 했던 방법과 똑같이 합니다. 솔직히 이야기하면 두 딸의 모습을 보고 배운 방법입니다.

일단 1년, 3년, 5년, 10년 그리고 20년 후의 목돈을 나눠서 모으게 합니다. 지금은 없지만 그사이에 하고 싶은 일이 생기면 이미 모아둔 목돈으로 그 일을 선택할 수 있게 될 테니까요. 하지만 만약 모아둔 목돈이 없다면 하고 싶은 일을 선택하기가 쉽지 않을 것입니다. 선택의 자유를 줄 수 있는 나만의 돈이 있다면 무슨 꿈이든 꿀 수 있지 않을까요?

〈잠깐! 금융쇼핑 Tip!〉
자녀의 여유자금 투자법

아이들이 설날, 추석 등 명절에 받는 용돈 그리고 지인분들이 주시는 용돈들을 Extra Money 또는 여유자금이라고 칭합니다. 여러분들은 자녀의 여유자금을 어떻게 하고 계신가요? 통상 우리 부모님들은 이 돈을 아이를 위한 큰 소비에 쓰십니다. 저 역시 그랬습니다.

하지만 이 돈을 대략 계산해보니 일 년에 거의 100만 원 정도 됩니다. 생각보다 큰 금액입니다. 입학식이나 졸업식이라도 있으면 금액은 상당히 커집니다. 이런 돈을 그냥 소비해버리면 안 되겠지요? 그래서 저는 아이들과 협상을 했습니다. 이런 여유자금이 생길 때마다 증권사 계좌에 90%를 넣고, 10%는 현금으로 바로 주겠다고 했습니다. 그리고 1년마다 정산해서 100만 원이 되지 않으면 부족한 부분은 엄마가 채워주기로 했습니다. 또한 수익률은 연평균 10%는 무조건 엄마가 책임져준다고 했습니다. 돈의 공식을 알고 있는 연진이는 얼른 계산을 해보더니 바로 동의했습니다. 1년에 100만 원, 연 10% 수익을 10년으로 계산하면, 약 1,750만 원이 나옵니다. 아이들은 전혀 손해 볼 것이 없습니다. 10%는 바로 소비로 쓸 수 있고 10년 후에는 약 1,700만 원이라는 목돈이 생기니까요. 그래서 항상 조부모님께 용돈을 받으면 제가 그 자리에서 90% 원천징수를 하고 10%를 바로 현금으로 줍니다. 그리고 90% 금액은 아이들의 증권사 계좌에 바로 입금해서 보여줍니다. 그래야 믿고 거래할 수 있겠죠? 이 여유자금의 증권사 계정은 자녀들이 용돈을 아껴서 모으고 있는 계정과 분리해서 운용합니다. 이 돈의 일부는 연수가 대학 가는 해에 자매끼리 유럽으로 배낭여행 가는 자금으로 사용할 듯합니다.

자녀와
금융쇼핑하기
- 생활 편

자녀와 금융쇼핑을 해야 하는
3가지 이유

연진이 연수와 함께 금융쇼핑을 통해 경제교육을 해야겠다고 결심한 것에는 3가지 이유가 있습니다. 첫 번째 이유는 아이들에게 더 큰 세상을 보여주고 싶어서입니다. 그리고 그런 제게 영감을 준 책이 있습니다. 바로 존 리 대표의 《엄마 주식 사주세요》라는 책입니다. 마침 이 책을 만났을 때 저는 자녀에게 어떤 교육을 해야 할지, 교육의 방향성에 대해 한참 고민하고 있었습니다. 그때 이런 내용을 읽게 되었습니다.

"미국이나 중국에 대해 알려면 책으로 배우는 것보다 그 나라 주식을 사는 것이 훨씬 더 효과적이다. 주식 가격에 정치, 경제, 문화가 반영되기 때문에 투자할 기업을 찾느라 조사를 하다 보면 그

나라에 대해 저절로 공부가 된다. 그뿐인가. 이 학생들이 사회에 진출할 때쯤 되면 투자 효과가 나타나 큰돈이 되어 있을 것이다."

　책을 다 읽은 후 무작정 책을 따라 실천에 옮겼습니다. 물론 책에 실린 모든 내용에 동의하는 것은 아니었지만, 아이들과 금융쇼핑을 시작했고, 아이들이 주식에 관심을 가지기 시작했으며, 주식을 매수하기 전에 기업을 검색하기 시작했고, 기업의 오너들에 대한 책을 찾아 읽는 횟수가 늘었습니다.

　2019년에 있었던 존 리 대표님의 강의에서 대표님과 함께 사진을 찍고 짧게나마 대화를 할 수 있는 기회가 있었습니다. 책을 너무 감명 깊게 읽었고, 3년 전부터 책 내용을 따라서 자녀들과 주식 투자를 하고 있다고 자랑스럽게 이야기했더니 존 리 대표님께서 물어보셨습니다. "아이들 사교육은 모두 끊었나요?" 저는 순간 놀랐지만, "아이가 고학년이 되면서 그럴 수 없어 제가 더 벌고 있습니다. 하지만 투자는 꾸준히 하고 있습니다"라고 대답했더니 대표님께서는 허허허 웃으며 가셨습니다. 대한민국에서 살아가는 학부모로서 사교육을 모두 끊어버린다는 것은 큰 모험이고, 큰 용기가 필요한 일입니다. 더욱이 연진이는 공부를 열심히 하고 싶어 하는 아이라서 사교육을 끊어버린다는 것이 쉽지 않습니다. 그래서 더 주식에 노출시키고 꾸준히 투자 활동을 하고 있습니다. 주식을 통해서 더 큰 세상을 볼 수 있게 하기 위함입니다. 혹시 그 넓은 세상 속 많은 기업들 중에서 자신이 입사하고 싶은 기업을 찾을 수 있을지도 모르니까요.

두 번째 이유는 자녀와 대화를 많이 함으로써 관계를 좋게 유지하기 위해서입니다. 자녀와 금융쇼핑을 같이하면, 대화의 소재가 다양해지고, 대화의 시간이 많아집니다. 그러면서 자연스럽게 자녀와의 관계가 좋아집니다. 만약 자녀가 사춘기로 접어들고 있어서 대화가 단절되어 고민 중인 부모님이 계시다면, 지금 바로 자녀의 증권사 계좌를 먼저 만들고, 투자를 하라고 이야기하고 싶습니다.

금융쇼핑의 첫걸음은 자녀가 좋아하는 제품과 관심 있어 하는 서비스의 회사 주식을 알아보는 걸로 시작합니다. 앞서 자녀 용돈 관리 시스템을 만들기 시작하는 단계에서 이미 자녀와 대화를 시작했습니다. 이제는 그 대화의 연장선상에서 금융쇼핑 종목에 대해 이야기하면 됩니다.

"연진이는 친구들 만나면 주로 뭐해?"

"밥 먹고, 영화를 볼 때도 있고 아니면 커피숍에 가서 주로 이야기를 많이 해."

"주로 어느 커피숍에 가는데?"

"주로 스타벅스에서 이야기해."

"엄마도 스타벅스를 좋아하는데, 연진이도 스타벅스에 다녔구나."

"근데 엄마, 스타벅스는 비싸서 생각만큼 자주는 못 가. 거기는 비싼데 사람은 늘 제일 많더라. 엄마도 거기 커피가 맛있어?"

"엄마도 네 말에 동의하는데, 스타벅스는 그냥 커피숍이 아니라 문화를 형성하는 것 같아. 커피만 파는 것이 아니라 에코백, 텀블러, 달력 같은 한정판 굿즈도 많이 판매하더라. 그걸 사려고 새벽부터 줄 서 있는 사람들도 있어."

"맞아! 나도 스타벅스 텀블러 가지고 다니는 사람들을 많이 봤어."

연진이가 스타벅스에 자주 간다는 것을 알게 된 후에 연진이의 용돈으로 스타벅스 주식을 매수했습니다. 단지 연진이가 좋아한다는 이유만은 아니었습니다. 스타벅스는 커피만 파는 곳이 아니라 굿즈 판매 등을 통해 기업의 이익을 확장해간다는 미래성을 봤기 때문입니다.

세 번째 이유는 주식 투자만이 가지고 있는 확장성 때문입니다. 만약 제가 자녀의 경제교육을 위해 은행의 예적금만 하고 있다고 가정해보면, 은행에 가서 적금에 가입하고 저축액을 자동이체로 설정한 뒤에 저축 기간 동안 기다리기만 하면 됩니다. 기다리는 것 외에는 자녀와 함께할 활동이 없다는 것입니다. 만약, 부동산의 경우라면 어떤 것을 자녀와 함께할 수 있을까요? 휴일마다 자녀와 함께 발품을 팔아가면서 주변 시세를 확인하는 것외에 또 무엇을 함께할 수 있으며, 무슨 공부를 할 수 있을까요?

투자라는 것은 그냥 시간이 지나간다고 해서 자산이 불어나 있지 않습니다. 내가 어떤 활동을 하지 않으면 그냥 시간만 흐를 뿐 어떤 일도 일어나지 않습니다. 즉, 투자는 다양한 주식, 채권, 펀드들을 시의적절하게 매수하고, 매도해야 합니다. 마치 우리가 설날에는 마트에 가서 떡국 재료를 사오고, 추석에는 송편을 사오며, 크리스마스이브에는 케이크를 사오는 등 시기에 맞는 각각 다른 쇼핑 목록을 가지고 있는 것처럼, 금융도 시기에 따라 적절한 종목을 선정해서 목록을 만들고 올바른 쇼핑을 해야 합니다. 저는 이것을 금융쇼핑이라고 부릅니다.

그런데 금융쇼핑 전에는 반드시 공부가 필요합니다. 지금 시대가 요구하는 산업과 기업을 알아보고 나서 쇼핑 목록에 올려놔야 하는데, 그러기 위해서는 앞으로 발전할 산업이 어떤 것들인지 살펴봐야 합니다. 특히 그 산업 중 어떤 기업이 꾸준히 성장할 수 있는지, 동종업계 대비 어떤 차별화된 비즈니스 전략을 가지고 있기에 기업의 성장을 이끌어갈 수 있는지 살펴보고, 알아가는 과정이 반드시 필요합니다. 주식 투자야말로 이 모든 과정을 자녀와 함께하면서 자녀가 세상의 흐름을 놓치지 않고 계속 따라가게 해주는 강력한 방법이 될 수 있습니다. 그럼 이제부터는 자녀와 어떻게 금융쇼핑을 해야 되는지 제 경험을 바탕으로 자세히 소개하겠습니다.

종목명 (Satellite)	티커
에스티로더	EL
스타벅스	SBUX
룰루레몬 애슬릿티카	LULU
나이키	NKE
월트디즈니	DIS
로블록스	RBLX
카카오	
네이버	
하이브	
스튜디오드래곤	

종목명 (Core)	티커
마이크로소프트	MSFT
엔비디아	NVDA
알파벳A	GOOGL
애플	AAPL
메타플랫폼스 (구 페이스북)	FB
넷플릭스	NFLX
테슬라	TSLA
텐센트	

종목명 (ETF)	티커
SPDR S&P 500	SPY
SPDR PORTFOLIO S&P500	SPLG
INVESCO QQQ TRUST	QQQ
INVESCO NASDAQ 100 ETF	QQQM
ISHARES S&P GLOBAL CLEAN ENERGY	ICLN

연진이의 금융쇼핑 목록

연진아, 아이폰 대신
애플 주식을 사볼까?

몇 해 전 중학생이었던 연진이는 중간고사를 한 달 앞두고 시험을 잘 보면 아이폰을 사달라는 요청을 했습니다. 누구를 위해 공부하는 것인지 모르겠지만, 연진이는 평상시 이런 요청을 잘 안 하는데, 정말 아이폰을 갖고 싶었던 것 같습니다. 그래서 딸과 딜을 했습니다. 평균 95점이 넘으면 사주기로 약속한 거죠.

정말 한 달간 열심히 공부했지만, 약속한 점수를 넘지 못했습니다. 점수가 좋지 못한 것에 대한 낙심과 함께 아이폰을 얻지 못한 것의 속상함까지 겹쳐 연진이는 많이 슬퍼했습니다. 이 모습을 본 친정아버지께서는 아이 기죽이지 말고 얼른 사주라며 아이 손을 잡고 당장 매장에 가실 듯했습니다. 제가 너무 매정한 걸까요? 저도 낙심한 연진이를 보니 마음이 아팠지만, 약속을 지켜야 된다고 생각했습니다. 그래서 아이폰 대신 애플 주식을 사주기로 했습니다. 그동안 모아두었던 세뱃돈들이 있었기에 그 돈으로 애플 주식 3주를 먼저 사주었습니다. 연진이는 그리 좋아하지는 않았지만 동의했습니다. 그리고 딸들에게 주식과 주주의 의미에 대해 간단히 설명해줬습니다. 설명을 들은 후에 연진이가 말했습니다.

"앞으로 친구들이 핸드폰 산다고 하면, 무조건 아이폰 사라고 해야겠다."

"왜?"

"그래야 내 애플 주식이 오르지. 아이폰 많이 팔려서 애플이 이익이 나야 주가가 오르는 거 아니야?"

그러자, 옆에서 이야기를 듣고 있던 장난꾸러기 연수가 주방에 계신 할머니에게 물어봅니다.

"할머니, 우리 집에 사과 있어요? 없으면 사야겠어요!"

연진이는 주식을 어느 정도 이해한 것 같습니다. 그런데, 과연 초등학교 저학년인 연수는 주식을 이해한 걸까요?

다행히도 매수한 뒤 일주일 만에 7.5%의 수익이 났습니다. 그것을 보여주니 연진이가 너무 좋아합니다. 일주일 전에는 아이폰 대신 애플 주식을 받은 것에 대해서 만족하지 못하고 있었는데, 이제 아주 좋아합니다. 그렇게 감사하게도 애플의 수익은 계속 올라갔고, 두 달 만에 30%의 수익을 냈습니다. 그래서 전량 매도 후 투자 원금으로 아이폰을 사주었습니다. 그리고 수익이 난 부분은 어떻게 할지 연진이에게 물어봤습니다.

"연진아, 아이폰 사고 남은 돈하고, 수익이 난 돈은 어떻게 할까?"

"다시 사야지!"

"뭘 사면 좋을까?"

"다른 주식을 사야지."

바로 재투자를 말하는 거지요? 그 생각이 참 기특했습니다.

"무슨 주식 사고 싶은데?"

"월트 디즈니 주식이 사고 싶어."

그래서 이유를 물어보니, 〈겨울왕국〉 2편을 봤는데, 1편보다 더 재미있었기에 3편이 빨리 상영되었으면 좋겠다고 합니다. 그러면서 우리가 월트 디즈니 주식을 사면 투자금이 늘어나니 〈겨울왕국〉 3편이 더 빨리 나오지 않겠냐는 아주 깜찍한 이야기를 합니다. 이런 생각을 할 수 있다는 것이 놀라웠습니다. 이제 아이들이 소비자의 관점에서 주주의 관점으로 바뀌고 있는 것이 아닐까요? '내가 잘하고 있구나'라는 확신이 들기 시작했습니다.

몇 해 전에 강남구에서 제일 부자들이 많이 사는 동네에 있는 ○○고등학교 교장선생님을 상담한 적이 있었습니다. 그때 은퇴가 2년 정도 남은 교장선생님은 투자를 해야 된다는 것을 아시면서도, 한 번도 해보지 않았기에 무서워서 못하겠다고 거절하셨습니다. 머리로는 이해가 가지만 막상 하려니 두려움이 크다고 말씀하십니다. 교장선생님의 심정이 충분히 이해가 되었습니다. 우리나라에서 주식 투자라는 것은 집안을 망하게 하는 지름길이라고 많이 들었으니 두려움이 크실 것입니다. 이해합니다. 그러면서 교장선생님께서 하셨던 이야기를 잊을 수가 없습니다. 이 고등학교의 학생들은 쉬는 시간에 주식을 한다고 합니다. 어렸을 때 부모에게서 증여받은 주식을 가지고 자신들이 직접 투자를 하는데, 쉬는 시간마다 주식 어플(MTS)을 보면서 친구들과 정보교환을 통해 주식 매매를 한다고 합니다. 이 아이들에게 있어 주식 투자가 두려움의 대상일까요? 아니면 게임과 같은 즐거움의 대상일까요?

　내가 두 딸과 함께 주식 투자를 하고 있다고 교장선생님께 말씀드리니 정말 잘하고 있는 거라며 응원을 해주셨습니다. 어린 시절부터 주식을 통해 기업은 물론, 세상을 바라보는 안목을 키운 아이들과 책으로만 배운 아이들의 미래는 같을까요? 여러분은 자녀에게 무엇을 물려주고 싶으신가요? 저는 비록 두 딸에게 주식을 증여해주지는 못하지만, 주식을 통해 간접적으로 세상을 보는 눈을 키워주고 싶습니다. 지금처럼 꾸준히 올바른 방향으로 투자 활동을 한다면 우리 자녀들에게 세상의 흐름을 읽을 수 있는 안목이 생기지 않을까요?

연진, 주주로서
스타벅스를 가다

2019년 중학교 3학년인 연진이와 함께 3박 4일로 '글로벌 상하이 비즈니스 캠프'에 참가하게 되었습니다. 8월 한여름의 상하이는 무척 덥고 습했습니다. 그래서 에어컨이 켜져 있는 커피숍을 찾게 되었고, 연진이는 상하이 곳곳에서 스타벅스를 먼저 발견하고는 매장의 수가 많다면서 무척 좋아했습니다.

"엄마, 미국이랑 중국이랑 사이 안 좋다던데, 스타벅스는 중국에도 매장이 많이 있네. 적국에까지 침투한(?) 스타벅스는 앞으로도 잘되겠어."

연진이는 중국 내 스타벅스 매장수가 많은 것을 보고 왜 좋아했을까요? 시원하게 주스를 마시며 쉴 수 있으니까요? 당연히 그것도 있지만, 연진이는 스타벅스 주주이기 때문입니다. 주주의 마음으로 스타벅스가 세계 속에서 계속 성장하기를 바라는 마음이 들었을 것입니다.

한번은 같은 반 친구와 스타벅스에서 공부를 하는데, 친구가 호주 여행을 다녀오면서 'Sydney'라고 도시 이름이 새겨진 스타벅스 시티머그를 사왔다며 우리나라에서는 살 수 없는 것이라고 자랑을 했답니다. 그렇게 해외여행을 다니면서 사서 모은 도시 이름이 적힌 스타벅스 머그를 5개 갖고 있다고요. 그래서 연진이가 "나는 스타벅스 주식이 5주 있다"라고 이야기했더니 친구가 주식을 하느냐면서 많이 놀랐다고 합니다. 같은 스타벅스에 앉아 공부하는 소비자인 친구와 주주인 연진이는 비슷한 마음으로 스타벅스를 가게 될까요?

스타벅스		미국나스닥 ∧	
· 평가손익	89,883	· 매도가능	5
· 손익률	15.84 %	· 평균단가	113,522
· 매입금	567,614	· 현재가	131,830
· 평가금	657,496	· 보유잔고	5
· 대출금액(원)	0	· 손익분기단가	113,830
예약주문	매수		매도

연진이의 주식 계좌 - 스타벅스　　　　　출처 : KB증권사 MTS

스타벅스 시드니 시티머그와 텀블러

〈잠깐! 금융쇼핑 Tip!〉

스타벅스 이야기

중국은 이미 '차 마시는 문화'에서 '커피 마시는 문화'로 변해가고 있다고 합니다. 그러면 14억 명의 인구를 가진 중국에서는 어떤 커피를 선호할까요? 통계를 통해 스타벅스가 2위를 차지하고 있음을 알 수 있습니다. 이미 스타벅스는 북미, 아시아 등 전 세계에 약 29,000개의 매장이 있고, 꾸준히 그 수가 늘어나고 있다고 하니, 우리가 스타벅스 주식을 가지고 있다는 것은 미국이라는 나라뿐만 아니라, 전 세계에 매장을 가진 스타벅스를 통해 전 세계에 분산 투자하고 있다고 생각할 수 있습니다.

또한 보유한 주식의 회사가 성장하고 가치가 높아지면 내가 주식을 매수했을 때보다 비싼 가격으로 매도할 수 있기 때문에 시세차익을 통해 많은 수익을 얻을 수 있게 되고, 기업 성장을 통한 배당도 얻을 수 있게 됩니다.

스타벅스는 배당을 시작한 지 9년이 되었고, 매년 배당 수익률이 약 2%대입니다. 기업의 주가가 올라가는 것과 상관없이 매년 2%의 추가 수익이 더 생긴다고 보면 됩니다. 여러모로 우리나라 은행의 예금보다 낫습니다. 2월, 5월, 8월, 11월 이렇게 분기별로 배당을 하니 그 배당금을 받는 재미 또한 쏠쏠합니다. 실제로 미국은 이렇게 기업들이 주주에게 얼마나 배당하느냐에 따라 기업을 평가하기도 하고, 주식을 선택하는 데 기준이 되기도 합니다. 지금은 코로나의 영향으로 순이익이 떨어져 있는 상태이지만, 코로나 극복과 더불어 스타벅스의 매출도 다시 증가할 것이라 믿고, 저와 연진이는 오늘도 다른 커피숍 대신 스타벅스를 갑니다.

스타벅스 주식 차트   출처 : finance.yahoo.com

이후에도 연진이는 계속 주식을 사달라고 요구합니다.

"엄마, 코로나 때문에 아이들이 영화관을 안 가고 모두 집에서 넷플릭스를 봐. 안 보는 애들이 없어. 아! 진작 샀어야 하는데, 벌써 많이 올랐겠지?"

이런 아쉬움을 이야기한 것은 2020년 6월쯤이었고, 실제로 넷플릭스는 코로나 이후 빛을 발하면서 많은 성장을 하고 있습니다. 2020년 6월도 이미 많이 올랐을 때이지만 지금은 더 많이 올랐기 때문에 연진이가 이야기했던 2020년 6월도 매수하기 적합한 시기였습니다. "엄마, 학교 온라인수업을 줌(Zoom)으로 하는데, 영어학원, 수학학원도 모두 줌으로 수업해. 모두 비대면 원격수업은 줌으로 하는 것 같아. 줌도 상장되어 있나? 주식을 사야 하는데…"라고 이야기한 것은 2020년 8월쯤이었습니다. 그래서 이미 2020년 4월 초에 매수한 줌의 주가를 보여줬더니, 엄청 놀라면서 "역시 우리 엄마야"라며 저를 자랑스럽게 생각합니다. 왜냐하면 줌은 이미 1년도 되지 않아서 200% 이상의 수익을 냈기 때문입니다.

자녀의 시야를 주변에서
세계로 확장해보자

"엄마, 쿠팡 새벽 배송을 너무 자주 시키는 거 아냐?"

하루는 연진이가 묻습니다. 생각해보니 코로나 이후로 오프라인 매장을 잘 안 가게 되면서 시작한 온라인 배송인데, 지금은 거의 VIP 애용자가 되어 있습니다. 한 번 새벽 배송을 받아본 주부라면 그 편리함에서 빠져나오기 힘들 것입니다.

"연진아, 우리나라에는 쿠팡이 이커머스 업체(전자상거래) 중에서 1위인데, 미국에서는 어떤 기업이 전자상거래 1위 업체일까?"

"글쎄, 잘 모르겠는데….”

"혹시 아마존이라고 들어봤어?"

"아, 맞다. 아빠가 그때 아마존에서 물건 사는 거 봤어. 더 싸고 좋다면서, 영어로 되어 있어서 조금 불편하지만 물건이 싸고 좋아서 계속 사게 된다고 하셨어. 그 아마존이 미국 1위 전자상거래 업체였구나. 그럼 중국의 이커머스 1위 업체는 어디야?"

여러분도 연진이와 같은 궁금증이 생기셨나요? 그럼 중국에서의 1위 전자상거래 업체는 어디일까요? 바로 '알리바바'입니다. 많이 들어보셨죠? 알리바바 기업의 창시자인 마윈(Ma Yun)도 유명합니다. 대학의 영어 강사였던 마윈이 1995년 이후 인터넷 시대가 올 것을 예감하고 인터넷 사업을 시도했으나 여러 번 실패하다가 야후(Yahoo)의 창업자 제리 양(Jerry Yang)을 만나 투자를 받으면서 알리바바를 창업하게 되었다는 창업 스토리는 유명합니다. 이렇게 야후는 2004년 알리바바에 10억 달러를 투자하고 40%의 지분을 받게 됩니다. 알리바바는 2020년 7월 기준 메타플랫폼스(구 페이스북)을 제치고 시가총액 세계 6대 기업이 되었습니다. 코로나가 종식된다고 해도 이미 새벽 배송의 편리함에 길들여진 소비자가 갑자기 새벽 배송을 그만두고 오프라인 매장으로 달려갈까요? 저는 그렇지 않을 거라고 생각합니다. 앞으로는 콘택트와 언택트가 공존하는 세상이 오지 않을까요? 코로나19 전에도 잘나갔고, 코로나19를 겪으면서도 꾸준히 성장했으며, 코로나19가 종식되더라도 여전히 잘나갈 기업은 어디일까요? 그런 기업을 우리나라뿐만 아니라 중국, 미국 그리고 전 세계로 눈을 돌려 찾아볼까요?

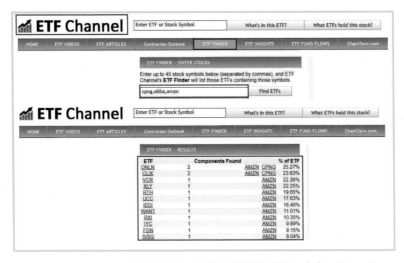

쿠팡, 알리바바, 아마존을 포함한 ETF 찾기   출처 : etfchannel.com

연진이는 중학생이 되면서 화장을 하기 시작했습니다. 엄마 마음에 들지는 않았지만 대세를 거스를 수는 없었습니다. 용돈이 충분하지 않아서 화장품을 사려고 열심히 홈 아르바이트를 하는 연진이를 보면 속상하면서 짠한 마음이 동시에 들었습니다. 그래서 그때 사준 주식이 'TIGER 화장품'이라는 ETF입니다. 즉, 국내 화장품 회사들을 묶어둔 테마 ETF입니다. 이 ETF 안에는 연진이가 사고 싶은 화장품의 브랜드가 모두 들어 있습니다. 비록 연진이는 자신의 용돈을 벌기 위해 한 홈 아르바이트였지만, 덕분에 집이 깨끗해지는 효과를 봤기에 고마운 마음으로 이 ETF를 조금씩 매수해줬습니다.

최근에 화장품 매장들이 많이 문을 닫는 것을 보고는 연진이가 화장품 업계가 위험해지고 있는 것은 아닌지 제게 물었습니다. 그래서 왜 그렇게 생각하는지 저도 물어봤더니, 마스크를 끼게 되니 화장을 덜하게 되고, 아무래도 외출을 덜하니까 화장하는 횟수가 적어지는 것이 아니냐고 합니다. 여자라면 모두 공감할 이야기입니다. 그리고 연진이는 코로나로 인해 화장품 업계의 가장 큰 고객인 중국 관광객의 매출이 끊기면서 화장품 업계가 힘들어지고 있다는 뉴스를 봤다고 합니다. 하지만 우리나라의 화장품 업계를 대표하는 LG생활건강과 아모레퍼시픽은 코로나19를 겪으면서 2020년 5월 이후 꾸준히 성장해오고 있습니다. 그 이유는 오프라인에서 온라인으로 유통채널 구조조정에 따라 국내외 시장의 수익성이 개선되어가고 있고, 코로나로 인해 장기간 자유를 갖지 못한 사람들의 보복소비 심리가 나타나면서 오히려 고가 화장품의 구매력이 더 늘어나고 있다고 합니다. 특히 이 두 기업은 중국 온라인 쇼핑몰인 티몰과 타오바오에서의 매출액이 급등하면서 시장 예측 대비 더 좋은 실적을 나타냈다고 합니다.

'화장하는 횟수가 줄어서 아낀 돈으로 오히려 비싼 화장품을 구매한다. 곧 코로나가 종식되면 마스크를 벗을 테니까 지금부터 피부관리를 잘해둬야 한다'라는 여성의 심리가 작동하면서 오히려 고가의 화장품 브랜드가 더 매출이 높은 것은 비단 우리나라만의 현상이 아니었습니다. 미국의 대표적인 화장품 회사들의 주가도 코로나19 이후로 꾸준히 우상향하는 것을 알 수 있습니다. 또한 그동안 여행을 못 가게 되어 아낀 돈으로 명품을 사는 보복소비 심리 형태가 국내외에서 뚜렷이 나타나고 있습니다.

연진이는 자신의 화장품 ETF가 50% 수익을 달성하면 매도하고 여행 관련 주식을 사고 싶다고 합니다. 왜냐하면 여행이 너무 가고 싶기 때문이라고 합니다. 우리 모두 이 마음에 동의합니다. 이와 관련된 여행 관련 주식들의 성장세가 나타날까요? 만약 여행과 관련된 주식을 어떤 것을 사야 될지 모르겠으면 관련 ETF를 매수하시면 됩니다.

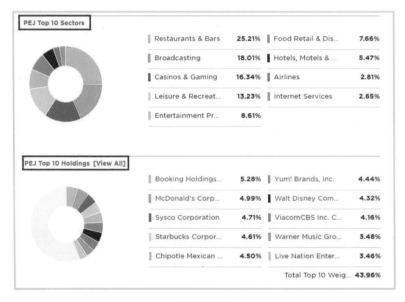

여행 관련 ETF   출처 : ETF.com

세계지도를 보면서
나라별 펀드 매수하기

어느 집이나 세계지도 하나씩은 가지고 있을 것입니다. 우리 집 거실에도 큰 세계지도가 걸려 있습니다. 자녀가 초등학교 저학년 이하의 어린이라고 하면 세계지도를 보면서 나라 공부를 먼저 해보시기를 바랍니다. 5년 전 초등학교 1학년이었던 연수는 설날 세뱃돈으로 10만 원을 받았습니다. 그 돈을 투자하기 위해서 연수와 저는 거실에 걸려 있는 세계지도를 보면서 대화했습니다.

"연수야, 너는 어느 나라를 좋아해?"

"음…, 몰라."

"우리나라가 어디에 있는지 알아? 중국은?"

아이는 세계지도 속에서 한국과 중국을 찾아봅니다.

"그럼, 중국 밑에 어떤 나라들이 있어?"

"인도, 베트남, 태국 등이 있어. 왜? 여행 가게?"

"아니, 엄마가 네 세뱃돈으로 저 나라들에 투자해주려고 하는데, 연수는 어떤 나라가 좋아?"

한참 생각하던 연수는 "나는 오늘 쌀국수가 더 먹고 싶으니까, 베트남으로 할래"라고 대답했습니다. 뜻밖의 대답에 저는 크게 웃었습니다. 옆에서 듣고 계시던 친정 엄마께서 연수한테 물어보십니다.

"너 투자가 뭐 하는 건지 알아?"

"엄마가 내 돈을 베트남에 갖다주나 봐요."

아이들의 창의력이란 늘 상상 이상입니다. 투자 때문에 자녀들에게 질문을 많이 하는 편인데, 그때마다 아이들의 상상력에 놀라곤 합니다. 만약 투자를 하지 않았다면 저런 대화들을 할 수 있었을까요? 언니 연진이는 덩달아 카레가 먹고 싶다면서 인도를 선택했습니다. 그래서 그때 연진이 연수가 매수했던 펀드명은 다음과 같습니다.

- 미래에셋 인도중소형포커스 증권투자신탁
- 미래에셋 베트남 증권자투자신탁
- KB통중국 고배당 증권자투자신탁
- AB미국그로스 증권투자신탁

〈잠깐! 금융쇼핑 Tip!〉
펀드 찾기와 펀드 이름 읽기

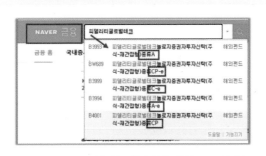

펀드명 읽기와 펀드 찾기

- 첫 글자는 자산운용사(펀드를 만들고 운용하는 곳)
- 예시) 미래에셋자산운용사, KB자산운용사, Alliance Bernstein자산운용사
- 가운데 글자는 투자 대상 또는 투자 전략
- 예시) 인도의 중소형 주식, 베트남 주식, 중국의 고배당 주식, 미국의 성장주

베트남을 선택한 연수와 인도를 선택한 연진이의 펀드 수익률은 현재 어떻게 되어 있을까요? 그날 저는 베트남, 미국, 인도 그리고 중국의 펀드를 골고루 나눠 매수해줬습니다.

종목명	종목코드	보유수량	정산수량	평가금액	매입평균가	매입금액	평가손익	평가수익률
KB통중국고배당(주)AE	159-000041							39
미래인도중소형포커(?	159-000044							99
슈로더유로(주재)A-e	159-000045							26
글로벌배당인컴(주재)	159-000046							40
피델글로벌테크(주?	159-000047							94
AB미국그로스(주-재)A	159-000048							111
삼성아세안증권자2(주	159-000049							14
미래베트남1(H)주파Ae	159-000101							29
미래글로벌솔루션(주?	159-000108							59
슈로더이머징위너스Ae	159-000109							31

연진이 펀드 리스트

⟨잠깐! 금융쇼핑 Tip!⟩
미래에 소비 시장을 선도하는 나라는 어디일까?

아이들의 나라 펀드 중에서 인도와 베트남을 선택한 이유는 인구가 많고, 앞으로도 늘어나고 있는 추세이며, 특히 생산 가능한 인구인 젊은 층이 많다는 것에 있습니다. 1970년대 우리나라처럼 생산 가능한 젊은 인구가 많은 베트남과 인도라는 나라의 성장 가능성이 좋아 보이지 않으시나요?

인도는 현재 인구수가 세계 2위입니다. 그리고 1위인 중국과 큰 차이가 없고, 앞으로 10년 뒤에는 중국을 제치고 1위를 한다는 통계도 나와 있습니다. 또한 인도는 힌디어와 함께 영어를 사용하며, 초등학교에서 구구단을 두 자릿수까지 배우고 있습니다. 이 두 가지 요소들 때문일까요? 이미 미국 IT기업에 유독 인도 출신의 임원이 많으며, 인재가 많다고 합니다. 인도는 지금보다도 발전 가능성이 큰 나라로 평가받고 있습니다. 인도는 이미 세계 국가브랜드 8위에 올라 있습니다. 참고로 우리나라는 10위입니다. 국가브랜드 10위 안에 중국, 일본, 인도 그리고 대한민국이 속해 있는데, 세계의 40%를 아시아가 차지하고 있음을 알 수 있습니다. 전 세계가 중국, 그리고 아시아 시장을 주목하는 이유이기도 합니다.

베트남 역시 인구수가 1억 명에 가까우며 매년 인구수가 늘어나고 있습니다. 특히 미성년자가 인구 비중 대비 약 30%를 차지하고 있으며, 현재 중위연령이 32.5세인 젊은 나라로 평가받고 있습니다(반면 한국의 중위연령은 43.7세). 베트남은 과거에는 이런 노동 시장의 강점만 부각되었는데, 지금은 소매유통 시장을 중심으로 꾸준히 소비 시장도 성장 중에 있습니다.

세계 100대 기업의 지도를 보며
일등 기업들 주식 매수하기

다음은 세계에서 손꼽히는 100대 기업 중 눈에 띄는 기업을 정리한 자료입니다. 여러분은 여기에서 몇 개 기업의 주식을 가지고 계시나요? 아이들과 이야기할 때는 이렇게 시각화된 그림을 보면서 이야기하는 것이 좋습니다. 먼저, 우리 부모님들이 살펴보면서 생각해보는 시간을 가져볼까요?

지도처럼 대륙별로 나눠져 있고, 왼쪽부터 보시면 캐나다와 미국을 중심으로 한 북미대륙, 가운데가 유럽, 가운데에서 아래쪽에 오세아니아 그리고 그 오른쪽에 아시아가 있습니다. 그리고 그 대륙을 나타내는 큰 원 안에 기업을 나타내는 작은 원들이 들어가 있습니다. 기업이 나타내는 원의 크기가 각기 다르며, 색깔 역시 다르다는 것을 알 수 있습니다.

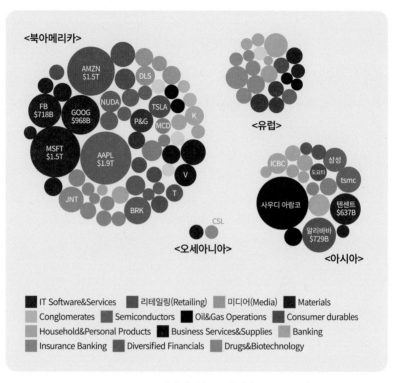

<북아메리카>

AMZN
$1.5T

DLS

FB
$718B

GOOG
$968B

NUDA

TSLA

P&G

MCD

K

MSFT
$1.5T

AAPL
$1.9T

V

JNT

T

BRK

<유럽>

ICBC

삼성

도요타

tsmc

사우디 아람코

텐센트
$637B

알리바바
$729B

<아시아>

CSL

<오세아니아>

■ IT Software&Services ■ 리테일링(Retailing) ■ 미디어(Media) ■ Materials
■ Conglomerates ■ Semiconductors ■ Oil&Gas Operations ■ Consumer durables
■ Household&Personal Products ■ Business Services&Supplies ■ Banking
■ Insurance Banking ■ Diversified Financials ■ Drugs&Biotechnology

2020년 세계 시총 100대 기업　　　　참고 : howmuch.net

대화 포인트 1.
원 크기를 보고 시가총액에 대해 알아봅니다

　여기에서 기업의 이름이 들어 있는 원의 사이즈는 기업의 시가
총액을 나타냅니다. 시가총액은 기업의 가치를 쉽게 측정할 수 있
는 가장 좋은 방법 중 하나입니다. 일단 하나의 기업이 주식 시장에
얼마나 많은 주식을 보유하고 있는지 파악합니다. 그리고 그 한 주
의 가격이 얼마인지 곱하면 시가총액이 됩니다. 그 주가는 시시각

각 오르락내리락하고, 기업의 가치도 같이 변하게 됩니다. 즉, 원의 사이즈가 클수록 기업의 시가총액이 크다는 걸 알 수 있습니다.

이 지도를 본 연진이가 두 가지를 이야기합니다. 첫 번째는 큰 기업들이 대부분 미국 기업이라는 것과 미국 기업이 차지하는 정도가 세계의 반이나 되어서 놀랐다는 것입니다. 원래 미국 기업이 세계를 주도한다는 것은 알고 있었지만, 생각보다 더 많다는 것에 놀라워했습니다.

두 번째는 중국 기업도 상당히 많이 있고, 시가총액을 나타내는 원의 사이즈가 크다는 것입니다. 그러면서 그래서 경제대국 1위인 미국이 중국을 견제하기 위해서 미중 전쟁을 하고 있는 것이라며, 현재의 상황을 정확하게 이해했습니다. 또한 중국의 인구가 미국의 인구에 비하면 약 3배 정도 더 많으므로 미국의 중국에 대한 견제는 오래 지속될 것 같다는 말도 합니다. 그래서 왜 그런가 물어보니, "저 많은 미국 기업들이 인구수 세계 1위인 중국 사람들한테 물건을 팔아야 되니까 중국 눈치를 봐야겠지"라고 대답합니다. 세계지도를 보고 이렇게까지 생각할 수 있다는 것이 대견하지 않나요?

대화 포인트 2.
원의 색으로 산업군을 알아봅니다

원의 색은 산업별 섹터(Sector)로 분류한 것입니다. 어떤 색의 원이 많나요? 진파란색, 진녹색, 진하늘색, 옥색 등이 많아 보입니다.

• 진파란색(IT Software&Services)과 진하늘색(Technology Hardware &Equipment)

이 둘의 차이에 대해 이야기해봤습니다. 연수는 여기에서 소프트웨어와 하드웨어의 차이를 알게 되었고, 유튜브가 구글의 자회사인 것도 알게 되었습니다. 또한 구글, 메타플랫폼스(구 페이스북)처럼 물건을 만들어 판매하지 않고도 플랫폼이나 광고만으로 세계 2~3위의 기업이 될 수 있다는 것을 알게 되었습니다. 연수는 유튜브를 하고 싶은데, 아직은 용기가 서지 않나 봅니다. 좀 기다려줘야겠지요.

• 진녹색(Retailing)

우리 생활과 밀접한 소비재 산업입니다. 특히, 월마트나 코스트코 같은 오프라인 매장보다는 아마존, 알리바바와 같은 전자상거래(이커머스)에 대한 이야기를 많이 했습니다. 물론 아마존을 전자상거래 업체로만 이야기하는 건 그렇지만, 코로나로 인해 지금 추세가 대면보다는 비대면으로 모든 것을 처리하다 보니, 우리 자녀들도 엄마들이 이마트보다는 쿠팡이나 마켓컬리를 더 많이 애용하고 있는 것을 알고 있습니다. 그러니 아마존과 알리바바 같은 온라인 쇼핑의 사이즈가 커질 수밖에 없다는 것은 느낌으로도 알 수 있게 됩니다.

- 옥색(Drugs&Biotechnology)

물론 우리 아이들은 존슨앤드존슨을 화장품 회사로만 알고 있었지만, 존슨앤드존슨은 미국의 가장 큰 제약 및 의료 관련 회사입니다. 이번에 백신을 개발하면서 브랜드 가치가 더 높아졌습니다. 그리고 특이하게 유럽에 바이오 관련 회사가 많다는 것도 알게 되었습니다. 코로나 치료제 등 제약에 대한 이야기를 하고 있는데, 갑자기 연수가 "초고령 시대라 약이 많이 필요해"라고 이야기합니다. 초등학교 5학년 1학기 사회 시간에 고령화 시대에 대해 배웠다고 합니다.

- 연핑크(Media)

넷플릭스는 이미 글로벌 최대 OTT(Over The Top, 인터넷을 통해 미디어 콘텐츠를 제공하는 서비스)업체로서 코로나 이후 엄청난 속도로 성장하고 있습니다. 이미 많은 분들이 넷플릭스 구독자이실 테니 그 성장에 대해서는 알고 계실 것입니다. 여기서 연진이의 질문이 나왔습니다. "월트 디즈니는 코로나 때문에 디즈니랜드도 다 문 닫고, 영화관에서 상영도 많이 못할 텐데, 왜 주가는 계속 오르고 있어?" 하고 묻습니다. 우리 아이들은 이미 디즈니 주식을 보유하고 있어서 수익이 꽤 난 것을 알고 있습니다. 혹시 여러분도 연진이와 같은 생각을 하고 계시나요? 코로나 시대에 왜 주가가 오를까라는 의문이 드셨나요? 월트 디즈니는 이미 2019년 11월부터 넷플릭스 같은 OTT 서비스 시장에 뛰어들었습니다. 그 이름은 '디즈니 플러스'입니다. 월트 디즈니의 미래는 극장이 아닌 OTT 시장이라고 보고 있는 것입니다. 우리나라도 2021년 11월부터 서비스를 시작했습니다. 또한 넷플릭스에서 한국 콘텐츠가 연이은 대박을 내며 꾸준히 성장하고 있습니다. 디즈니 플러스에서도 이미 한국 콘텐츠가 제작되었다는 기쁜 소식이 있습니다. 이제 OTT 시장의 전쟁이 시작되었습니다. 앞으로 디즈니 플러스가 넷플릭스와의 경쟁에서 어떻게 될지는 잘 모르겠습니다. 하지만, 시대의 흐름을 읽고 미리 준비하고 있었다는 사실은 높이 평가하고, 우리도 배워야 하는 자세인 것 같습니다.

그 밖에 연수의 시각에서 본 100대 기업들입니다. 엄마 카드에 적힌 VISA 카드, 요즘 자주 보이는 파란색 번호판의 테슬라, 엄마 화장대에 있는 로레알 화장품 등이 세계 100위 안에 들어가는 큰 기업인지 처음 알게 되었다고 합니다. 또한 연수는 한국을 대표하는 유일한 기업인 삼성이 꾸준히 잘해주기를 응원했고, 맛도 없는 맥도날드가 왜 100대 기업에 들어가 있는지 이해가 안 된다면서 반문하기도 했습니다. 저는 아이들에게 이 중에서 사고 싶은 기업의 주식이 있으면 10개씩만 적어보라고 했습니다.

세계지도를 근사하게 해석해준 두 딸에게 각각 KWEB ETF를 1주씩 선물해줬습니다. 특별히 KWEB를 선택한 이유는 처음으로 중국 기업에 대해 알아가기 시작했기에 알리바바와 텐센트를 담고 있는 대표적인 ETF를 매수해준 것이죠.

〈잠깐! 금융쇼핑 Tip!〉

Weights in MSCI All Country World Index

∙∙

∵ Global Market Capitalization, Float Adjusted

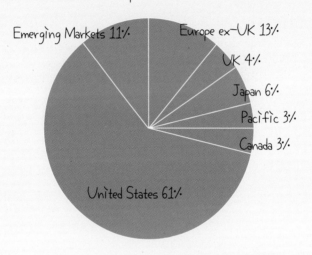

Emerging Markets 11%

Europe ex–UK 13%

UK 4%

Japan 6%

Pacific 3%

Canada 3%

United States 61%

참고 : JP Morgan Asset Management

자녀와의 대화
에피소드 3

"엄마! 금과 은은 왜 올라요?"

연진이, 연수의 금융쇼핑 리스트에는 금(Gold)&은(Silver)이 담겨 있습니다. 그리고 현재 수익률이 50% 이상입니다. 그것을 본 연수가 물어봅니다. "회사 주식도 아닌 금과 은은 왜 오르지?" 아…. 초등학생한테 이걸 어떻게 설명해야 될까요?

다음 차트를 보면, 금은 2020년 3월 말부터 서서히 상승해서 2020년 8월에 최고점을 찍었습니다. 그럼, 금값은 왜 올라가는 걸까요? 자녀에게 설명해주기 위해서는 우리 부모님들이 먼저 역사 공부를 하셔야 합니다.

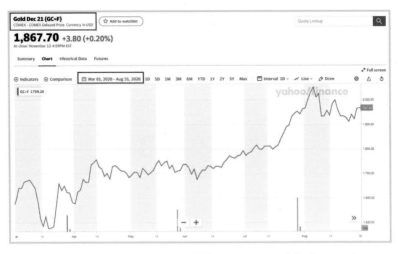

Gold 차트 　　　　　출처 : finance.yahoo.com

　　옛날에는 물건을 살 때 어떻게 거래했죠? 물물교환을 했습니다. 그러다 가축, 조개 등을 이용해서 거래를 했고, 금은 등의 주화가 등장합니다. 하지만, 금과 은은 생산이 제한적이기도 하고, 운반 등 가지고 다니기 힘들다는 문제가 있었습니다. 그렇게 19세기 초 영국을 중심으로 금본위제(Gold Standard)가 생겨났고, 현재 모양의 지폐가 등장합니다. 즉, 금 대신 화폐가 통용되는데, 기준은 여전히 금인 것입니다. 화폐를 금으로, 금을 화폐로 바꾸는 것을 '금태환'이라 하고, 이때 기준이 금 1온스당 35달러였습니다.

　　하지만, 이 시스템 속에서 앞으로 어떤 일이 발생할지 예측 가능한 부분이 있습니다. 세계의 경제는 계속 성장하면서 돈(달러)을 필요로 합니다. 그래서 달러를 계속 찍어냅니다. 반면에 금은 한정되어 있습니다. 무작정 생산할 수 있는 것이 아닙니다. 즉, 달러의 양은 많아지는데 금의 양은 늘어나지 않는 거죠. 그렇다면 희소성의 가치는 어떤 것이 올라가는 걸까요? 네, 바로 금입니다. 이러다 보니, 이전에는 금 1온스를 사려면 35달러만 있으면 되었지만, 이제는 금 1온스를 사려면 1,974달러가 필요하다는 이야기입니다.

다르게 표현하면, 달러의 양이 많아질수록 금이 더 귀해지기 때문에 금값이 올라갈 수밖에 없는 것입니다. 통계적으로 은은 금의 성장 방향과 똑같이 움직입니다. 다만 약간의 거리를 두고 금을 따라 움직입니다. 금이 오르면 은은 뒤에서 따라 같이 올라갑니다. 이때 금은 원만한 곡선을 그리며 올라가고, 은은 오르락내리락 변동폭이 다소 큽니다.

다시 연수의 질문으로 돌아와서, 지금 금과 은이 올라가는 이유는 무엇일까요? 코로나 팬데믹으로 전 세계는 경제를 살리기 위해 많은 돈을 풀었습니다. 영어로는 'Unlimited QE' 즉, 무제한 양적완화라고 합니다. 달러를 계속 풀수록 그 가치는 떨어지고 반면에 금의 가치는 오르게 되는 것입니다. 달러보다 실물 자산인 금이 더 안전한 자산이라고 평가되는 것입니다.

어떻게 금이 화폐가치를 가지게 된 걸까요?

∙∙

금은 무한정 생산해낼 수 없습니다. 즉, 공급이 제한적이다 보니 희소성이 높습니다. 또한 작게 조각내어 거래하기도 편하고, 녹슬지도 않아 보존성 또한 뛰어납니다. 그렇게 화폐가치를 가지고 있었는데, 들고 다니는 운반의 불편함이 있었습니다. 이 불편함을 없애고자 등장한 것이 종이화폐이고 금본위제입니다.

금본위제

1800년대 19세기 초 영국이 처음 도입한 제도로 '금을 가지고 오면 교환 비율에 맞게 돈(화폐)으로 교환해주는 정책입니다. 이 교환 행위를 '금태환'이라고 합니다. 식민지 개척으로 많은 금을 보유한 영국은 유리했고, 은행에 화폐를 가져가면 금으로 교환해주니 화폐에 대한 신뢰도 쌓이기 시작했습니다.

브레턴우즈 체제

제2차 세계대전 직후, 세계 경제는 혼란스러웠고, 44개국 지도자들이 세계 경제 재건의 일환으로 통화 제도의 개편에 대해 회의를 가졌습니다. 이때 '미국 중심의 금본위제가 채택되었고, 이때부터 오직 미국 달러만 금과 교환하게 되었습니다. 금 1온스를 미화 35달러로 고정+그 외 다른 나라의 통화는 달러에 고정(고정 환율제 즉, 다른 나라들은 금을 교환하기 위해 자기 나라 화폐를 달러로 환전해야 한다는 뜻)했고, 미국은 제2차 세계대전을 통해 엄청난 경제력을 얻었습니다. IMF 리포트를 보면 미국이 전 세계 금의 70%를 보유하고 있었다고 합니다. 영국 중심의 경제가 세계대전 이후 미국으로 옮겨간 것입니다. 그리고 이때부터 다른 나라들은 국제 거래를 하기 위해 금뿐만 아니라 달러도 비축하게 됩니다.

닉슨 쇼크

세계 경제는 계속해서 성장해가며 미국 달러도 계속 늘어났습니다. 그러나 금의 매장량이 그만큼 늘어나는 것은 아니었습니다. 미국은 경제 성장을 하면서 계속 달러를 찍어내니, 미국 달러의 양이 금의 양을 초과하기 시작했고, 모든 나라들이 미국의 금에 대한 상환 능력이 있는지 의심을 품기 시작했습니다. 결국 미국에서는 상환(태환) 능력이 없음을 시인했고, 닉슨(Nixon) 대통령이 금태환 중지를 선언합니다. 이때부터 영국과 일본 등 선진국을 필두로 더 이상 고정환율제를 쓰지 않고 변동환율제를 쓰기 시작했습니다.

자녀와
금융쇼핑하기
– 자녀 관심사와 장래희망 편

내 아이의 관심사와
장래희망은 무엇일까?

아이들은 주식 투자를 하면서 넓고 다양한 세상을 간접적으로 체험하게 됩니다. 그 속에서 꿈을 찾을 수도 있습니다. 꿈이 있다면 우리나라를 벗어나 더 넓은 세상으로 꿈을 확장해나갈 수 있습니다. 앞에서도 언급한 것처럼 주식을 하다 보면 세상의 흐름을 볼 수 있게 됩니다. 그리고 관심 있는 기업들을 검색해보면서 기업이 가진 철학에 대해서도 알게 됩니다. 이런 것들을 책에서만 배운다면 한계가 있겠지만, 직접 그 기업에 투자하면서 기업의 성장과 함께 주가의 변동도 알게 되니 더 관심을 가질 수밖에 없습니다.

자, 그럼 이제 남은 과제는 어떻게 자녀가 주식에 관심을 갖게 만드는가 하는 것입니다. 그래서 저는 자녀의 관심사와 장래희망을 반드시 알고, 그 관심사들에서부터 시작해야 한다고 말씀드립니다. 그래야 자녀가 관심을 갖고 오랫동안 해나갈 수 있습니다.

이번 챕터를 읽기 전에 아이와의 대화를 통해 현재 어떤 관심과 고민이 있는지 먼저 대화를 나눠보세요. 장래희망은 예전 그대로인지, 그사이 변화된 것은 없는지, 다시 한번 물어보세요. 만약 장래희망이 없다고 해도 상관없습니다. 그때는 자녀의 현재 관심사와 고민에 더 집중하면 좋을 것 같습니다.

부모님들의 이해를 돕기 위해 객관적인 통계로 말씀드리겠습니다. 다음 자료는 2018년부터 2020년까지 초중고등학생의 장래희망을 조사한 것인데, 불과 몇 년 전에는 보이지 않던 희망 직업군들이 많이 보이기 시작합니다. 그중 대표적인 직업군이 유튜버, 프로게이머, 뷰티 디자이너 등입니다(저도 뷰티 디자이너라는 말을 처음 들어봤는데, 헤어 디자이너, 메이크업 디자이너 그리고 네일 아티스트까지 포함한 것입니다). 초등학생부터 중학생까지 다양한 연령층에서 되고 싶은 직업군으로 선정되었습니다. 그리고 중고등학생으로 가면 정보시스템 및 보안 전문가, 컴퓨터 공학자 및 소프트웨어 개발자 그리고 과학자 및 연구원 등, 그냥 과학자가 아닌 분야가 조금 더 디테일해지고 있습니다. 이번 챕터에서는 과거에는 없었던 직업군, 꾸준히 사람들이 원하는 희망 직업군들을 중심으로 주식과 연결해서 알아보도록 하겠습니다.

초등학생들에게 현재 관심사에 대해 물어본 통계를 보면, 가장 큰 비중을 차지하는 것이 '공부와 성적'이고, 두 번째 관심사는 '꿈과 직업'이라고 합니다. 참 기특하지요? 그리고 남녀 성별에 따라

구분	초등학생			중학생			고등학생		
	2018년	2019년	2020년	2018년	2019년	2020년	2018년	2019년	2020년
1	운동선수	운동선수	운동선수	교사	교사	교사	교사	교사	교사
2	교사	교사	의사	경찰관	의사	의사	간호사	경찰관	간호사
3	의사	크리에이터	교사	의사	경찰관	경찰관	경찰관	간호사	생명·자연과학자 및 연구원
4	조리사(요리사)	의사	크리에이터	운동선수	운동선수	군인	뷰티디자이너	컴퓨터공학자/소프트웨어개발자	군인
5	인터넷방송진행자(유튜버)	조리사(요리사)	프로게이머	조리사(요리사)	뷰티디자이너	운동선수	군인	군인	의사
6	경찰관	프로게이머	경찰관	뷰티디자이너	조리사(요리사)	공무원	건축가/건축디자이너	생명·자연과학자 및 연구원	경찰관
7	법률전문가	경찰관	조리사(요리사)	군인	군인	뷰티디자이너	생명·자연과학자 및 연구원	건축가/건축디자이너	컴퓨터공학자/소프트웨어개발자
8	가수	법률전문가	가수	공무원	공무원	간호사	컴퓨터공학자/소프트웨어개발자	항공기승무원	뷰티디자이너
9	프로게이머	가수	만화가(웹툰작가)	연주가/작곡가	컴퓨터공학자/소프트웨어개발자	컴퓨터그래픽디자이너/일러스트레이터	항공기승무원	공무원	의료·보건관련직
10	제과·제빵사	뷰티디자이너	제과·제빵사	컴퓨터공학자/소프트웨어개발자	간호사	조리사(요리사)	공무원	경영자/CEO	공무원

초중고 진로교육현황조사 결과   출처 : 2021년 교육부 보도자료

조금 다르게 나타난 부분은 주로 여학생은 춤과 노래를 하는 '연예인', 남학생은 '운동과 게임'에 관심이 많다고 답했습니다.

앞서 보여드린 통계와 함께 우리 자녀들의 장래희망과 관심사를 생각하면서 이번 챕터를 읽어보시면 부모님은 물론, 우리 자녀들도 주식을 재미있게 할 수 있을 것입니다. 또한 우리 자녀의 장래희망과 주식에는 공통된 단어가 내포되어 있습니다. 바로 '미래'입니다. 우리 자녀의 현재 관심사를 성장시키면서 미래 직업군으로 발전시키는 것이고, 주식이라는 것은 현재보다는 미래 가치를 반영하는 것이기 때문에 이 챕터에서는 미래에도 지속적으로 성장 가능한 산업군들을 찾아보고, 그 산업들이 앞으로 성장해가는 방향 속에서 우리 자녀들이 미래의 꿈을 이룰 수 있는 방법을 찾아보는 시간을 갖도록 하겠습니다.

작가 및 연예인 편

작가를 꿈꾸는 아이들이 많이 늘어나고 있습니다. 예전에는 작가 하면 당연히 소설가나 시인을 비롯해 시나리오 작가 등을 떠올렸습니다. 그러나 요즘에는 웹툰 작가나 웹소설 작가가 더 인기 있는 것 같습니다. 가수나 배우 등 연예인을 꿈꾸는 자녀들도 이제는 우리나라뿐만 아니라 전 세계에 진출하는 한류문화(K-Culture) 속 한류스타를 꿈꿉니다. 이미 우리나라의 웹툰이나 케이팝(K-pop) 등은 전 세계 상위에 랭크되고 있습니다. 그럼 우리 자녀의 장래희망인 작가, 연예인을 다른 산업군과 어떻게 연결 지어 세계 속으로 확장해갈 수 있는지 주식과 연결해서 생각해보겠습니다.

첫째, 소설가가 글을 잘 쓰게 되면 드라마나 영화로 제작되어서 방송됩니다. 그럼 드라마와 영화를 제작하고, 그 제작사에 투자하는 회사들에는 어떤 기업이 있는지 알아보면 되겠죠? 그것은 드라마가 끝나거나 영화가 시작하기 전, 또는 상영 후 올라가는 자막의 제작자 이름을 잘 보면 금방 알 수 있습니다. 스튜디오 드래곤, 쇼박스, CJ ENM 등등…. 이제 기억나시죠? 그럼 이 제작회사의 주주는 어디일까요? 대주주는 카카오와 네이버입니다. 카카오와 네이버는 우리나라를 대표하는 IT기업입니다. 그런데 왜 IT기업이 아닌 드라마나 영화 제작회사들에 투자하고 있을까요? 이미 웹 소설과 웹툰 중심의 사업을 지닌 카카오페이지와 드라마 영화 공연 제작 중심의 카카오엠은 2021년 3월에 합병해서 음반, 영화, 콘텐츠 사업을 운영하는 카카오엔터테인먼트를 상장시켰습니다. 네이버 역시 연예 기획사인 빅히트의 자회사인 BeNX의 지분을 49% 사들여서 K-Pop 플랫폼을 이미 운영하고 있습니다. 네이버가 연예 기획사에 투자하는 것은 벌써 세 번째라고 합니다. 앞으로 글로벌 K-Pop 시장의 성장이 지속적으로 이어질 것이라는 의미로 해석될 수 있는 부분입니다.

그럼 제작된 드라마는 텔레비전에서만 방송되고, 영화관에서만 상영되나요? 아닙니다. OTT를 통한 다양한 플랫폼에서 소비자가 원할 때 시청할 수 있습니다. 이 OTT를 대표하는 기업이 넷플릭스입니다. 자, 그럼 넷플릭스 속 콘텐츠들을 생각해보세요. 최근 〈오징어게임〉이라고 하는 드라마가 넷플릭스에서 전 세계 1위를 했습니다. 뿐만 아니라 예전이라면 인기 영화는 국내 영화관을 중심으로 상영하고, 사람들은 영화관에 가서 관람했을 것입니다. 하지만 지금은 편안하게, 전 세계 넷플릭스 구독자들은 각자의 집에서 넷플릭스라는 플랫폼을 통해서 원하는 시간대에 볼 수 있게 되었습니다. 물론 넷플릭스 등의 OTT 산업들은 코로나19를 기점으로 더 성장할 수 있게 되었습니다. 위드 코로나 시대가 되면서 영화관과 OTT에서 동시에 영화를 상영한다고 하면 당신은 어느 곳을 선택하실 건가요? 다시 영화관만 가게 될까요? 영화관과 OTT를 그때그때 상황에 맞게 선택하게 되지 않을까요? 우리의 선택지는 다양해질 것입니다.

2021년 초 인기리에 종영한 〈경이로운 소문〉이라는 드라마를 아실 것입니다. 예전에는 텔레비전의 본방 시간을 놓쳤다면 재방송 시간을 기다렸다가 봐야 했지만, 이제는 넷플릭스 등의 플랫폼을 통해 언제든지 원하는 시간에 볼 수 있게 되었습니다. 드라마의 성공과 더불어 원작인 웹툰도 대성공을 거두게 됩니다.

만약 이 책을 읽고 계신 여러분이(자녀를 포함) 넷플릭스의 오너라고 가정한다면 어떤 분야를 키워야 앞으로도 꾸준히 성장할 수 있을까요? 먼저, 인기 있는 콘텐츠를 찾는 것이 첫 번째 요소일 것입니다. 그런 의미에서 우리나라의 웹 소설과 웹툰, 그리고 한류문화는 현재 세계적으로 인기가 많습니다. 이미 넷플릭스는 한국 콘텐츠에 지난 5년간 7,700억 원을 투자했는데, 2021년 한 해에만 그 70%가 넘는 5,500억 원을 투자한다고 밝혔습니다. 이런 OTT

플랫폼을 가진 기업은 넷플릭스 외에 또 어떤 기업들이 있을까요? 앞서 언급했던 디즈니 플러스, 유튜브프리미엄, 애플 TV, 왓챠, 카카오엠 등이 있습니다. 다양한 OTT 플랫폼 기업들이 생길수록 우리 한류문화의 미래는 더 희망적으로 보입니다. 이제 웹툰, 웹소설 작가, 그리고 연예인이라는 직업군이 나아갈 방향이 우리 부모님들이 생각했던 것보다 훨씬 더 넓어질 것 같은가요?

게임 편

이번에는 우리 부모님들도 관심이 많고, 자녀들은 더 관심이 많은 게임에 대해 알아보겠습니다. 사실 부모님들은 게임에 관해 관심이 많다기보다는 걱정이 앞설 것입니다. 아무래도 자녀들이 게임을 하다 보면 시간을 많이 뺏기게 되어 다른 일에 지장이 있을까 걱정을 많이 하게 됩니다. 게임이라는 것이 아이뿐만 아니라 어른들도 중독되기 쉬우니까요. 하지만 게임을 하지 않는 아이들은 친구들 사이에서 소외될 수 있습니다. 상황이 이렇다 보니 부모 입장에서는 게임을 시켜야 될지, 못하게 해야 될지 참 걱정이 많습니다. 저 역시 그렇습니다. 하지만 이 챕터에서는 그런 걱정은 내려두고 게임을 단순한 오락이 아닌, 게임 산업으로 넓게 확장해 생각해보는 시간을 가져보도록 하겠습니다.

제가 어릴 적에는 게임을 하려면 오락실에 갔어야 했습니다. 그 후에는 집이나 피씨방의 컴퓨터 앞에 앉아 있어야만 게임을 할 수 있었습니다. 즉 공간의 제한이 있었죠. 하지만 지금은 스마트폰만 있으면 언제 어디서든 게임을 할 수 있습니다. 2007년도 애플의 등장과 함께 스마트폰으로 하는 게임 산업은 급속도로 성장했습니다. 마이크로소프트, 엔비디아, 구글 그리고 아마존이 게임의 클라우드 서비스를 시작했고, 애플의 앱 서비스를 통한 게임의 매출까지 더해져 게임산업은 2020년 기준으로 $165B이라는 엄청난 총 매출을 냈습니다. 그리고 2018년부터 클라우드와 함께 VR(Virtual Reality, 가상현실)도 두각을 나타내고 있습니다.

몇 해 전, 속초로 포켓몬스터를 잡으러 간다는 뉴스를 보신 적이 있을 것입니다. 실제로 포켓몬스터가 나타난 것일까요? 아닙니다. 앱을 통해 보면 포켓몬스터가 현실의 거리를 뛰어다는 것이 보입니다. 그걸 잡으면 점수를 획득하는 즉, 증강현실 비디오 게임의 이야기입니다. 현실 속에 비현실을 합쳐 게임을 훨씬 더 실감나게 만들었습니다. 뒤에서 다시 알아보겠지만 VR은 게임을 넘어 현실 속 많은 산업군에 이미 관여하고 있습니다.

요즘 텔레비전을 보다 보면 게임 광고가 정말 많다는 것을 느끼실 수 있을 것입니다. 그렇게 광고 등을 통해 익숙해진 게임이 '리그 오브 레전드', '클래시 오브 클랜' 등입니다. 이 게임회사들을 모두 인수하고, '액티비전 블리자드', '포트나이트' 그리고 '넷마블' 등의 게임회사에 상당한 투자를 한 세계 공룡 게임회사가 있습니다. 이 게임회사는 2017년부터 삼성전자 시가총액을 제치고, 현재는 메타플랫폼스(구 페이스북)의 시가총액을 바짝 뒤좇고 있으며, 세계 기업 7위(2021. 7. 25 기준)를 차지한 기업입니다. 바로 중국의 인터넷 회사이자 비디오 게임회사인 텐센트(Tencent)입니다.

만약 우리 아이가 게임을 좋아한다면 그 게임을 왜 좋아하는지 물어보면서 같이 관심을 가져주고, 또래 친구들이 좋아하는 다른 게임은 어떤 것들인지 물어봐주세요. 부모님이 자신이 즐겨 하는 게임을 화두로 대화를 먼저 걸어온다면, 자녀의 기분은 어떨까요? 아마 신이 나서 많은 이야기를 하게 될 것입니다. 혹시 자녀와의 대화가 줄어서 걱정이신가요? 그럼 이렇게 자녀가 좋아하는 게임 회사에 대한 이야기로 대화를 시작해보는 것도 좋은 방법일 것입니다. 그렇게 해서 자녀가 텐센트라는 회사의 주식을 매수하게 되고, 더 나아가 텐센트란 회사에 대해 검색을 하다 보면, 이 회사가 단지 게임회사가 아니라 우리나라 카카오의 3대 주주이기도 하고, 중국의 카카오톡과 같은 위챗을 만든 회사라는 것도 알게 될 것입니다. 또한 앞으로 은행업에도 진출할 것이라는 정보와 텐센트가 어떻게 아시아 최고의 기업이 되었는지 그 히스토리를 알게 될 것이고, 이런 가운데 우리 자녀들은 단지 게임만 하는 것이 아니라 기업의 주주 또는 사업가로서의 마인드도 가지게 될 것입니다.

메타버스 편

다음 설명하는 곳은 어디일까요? 한번 맞춰보세요. 우리 엄마들에게는 친숙한 명품인 구찌가 신상품을 공개한 곳입니다. 유저가 약 2억 명입니다. 우리나라 여성그룹인 블랙핑크가 팬사인회를 한 곳입니다. 우리나라 빅3 연예 기획사인 YG, JYP, 빅히트에서 수십억 원씩 투자한 곳입니다. 자. 이곳은 어디일까요? 혹시 유튜브라고 생각하고 계시나요? 아닙니다.

이번에는 다른 한 곳을 더 소개해드릴게요. 어디일지 맞춰보세요. 미국 청소년들의 40% 이상이 이곳에서 여가를 보냅니다. 유저가 약 3억 5,000만 명 즉, 우리나라 인구의 약 7배 정도입니다. BTS가 처음으로 뮤직비디오를 공개한 곳입니다. 또한 미국의 힙합가수인 트래비스 스콧(Travis Scott)이 공연한 곳이고, 이곳에서 10

분 공연 후 약 200억 원의 수입이 생겼다고 합니다. 자, 이 두 곳은 어디일까요? 첫 번째는 제페토(ZEPETO)라고 하는 게임이고, 두 번째는 포트나이트(Fortnite)라고 하는 미국의 유명 게임입니다. 이게 도대체 무슨 말일까요?

제페토는 우리나라 네이버의 자회사가 만든 3D 아바타 제작 어플리케이션입니다. 즉, 나를 대신할 아바타를 만들어서 나 대신 아바타가 게임 속에서 생활하는 것입니다. 세계의 친구를 만나서 사진도 찍고 놀이동산에 놀러도 가고 헤어숍에 가서 머리를 하고, 화장을 하며, 트렌디한 의상을 사 입는 등 쇼핑을 하고, 여행을 하는 등 현실 속 내가 그러는 것처럼 게임 속에서 아바타들도 커뮤니티를 형성하며 생활하는 것입니다. 그냥 아바타 게임이구나 하기에는 2억 명이라는 엄청난 유저가 있기에 구찌도 나이키도 이곳에서 신상품을 론칭하고, 가수들은 팬 사인회를 하는 것입니다. 즉, 나 대신 나의 아바타가 현실의 1/500 정도 가격이 되는 구찌를 입고 블랙핑크의 팬사인회에 가는 거죠.

우리나라 인구보다 더 많은 아바타들이 사는 게임 속 세상 그곳에서 많은 돈을 벌 수 있으니 기업들이 이 게임 속으로 모여드는 것이 아닐까요? 이제는 돈을 벌 수 있는 곳이 현실이든, 게임 속 가상현실이든 상관없다는 것입니다. 사람들이 모이는 곳에 돈이 모이니까요.

포트나이트는 미국의 에픽게임즈에서 개발한 배틀 서바이벌

슈팅 게임입니다. 이렇게만 보면 여느 게임과 비슷해 보입니다. 하지만 이 게임 속에는 '파티로얄'이라는 평화의 공간이 존재합니다. 서바이벌 게임을 싫어하는 평화주의 유저들끼리 함께 어울리며 즐겁고 편한 시간을 보낼 수 있는 새로운 가상공간입니다. 즐길 거리와 탐험 요소들로 가득합니다. 끝없는 진화를 통해 사용자들에게 계속해서 새로운 즐거움을 제공하고 있습니다. 이곳에서 방탄소년단의 뮤직비디오를 먼저 관람할 수 있고, 가수들의 라이브 공연에 참석할 수도 있습니다. 이 가상현실 속에서의 콘서트가 현실 세계에서 하는 것보다 더 많은 관중이 몰리고 더 많은 수익이 창출된다고 합니다.

이 밖에도 미국의 대통령이 된 조 바이든(Joe Biden)은 닌텐도가 만든 '모여라 동물의 숲'이라는 게임 속으로 자신의 아바타를 보내서 선거유세를 했다고 합니다. 또 40만 명의 게임 개발자들이 현실이 아닌 로블록스(Roblox)라는 게임 속 가상현실로 출근한다고 합니다.

혹시 우리 자녀들의 장래희망 중에 게임 개발자가 있나요? 어쩌면 그 아이들은 현실 속 빌딩 안의 게임회사가 아닌, 로블록스라는 게임 속으로 출근할 수도 있습니다. 즉, 가상현실(VR)은 어떤 특정한 환경이나 상황을 컴퓨터로 만들어서 그것을 사용하는 사람이 마치 실제 주변 상황 및 환경과 상호작용을 하고 있는 것처럼 만들어주는 인간과 컴퓨터 사이의 인터페이스를 말합니다.

게임 편에서 포켓몬 고 게임에 대해 이야기하면서 현실에서 포켓몬스터가 나타나 뛰어다닌다는 이야기를 했습니다. 이렇듯 증강현실 AR(Augmented Reality)은 우리 현실 세계에 가상물체를 겹쳐보여주는 기술을 말합니다. 어떤 기술이 유기적으로 결합되어 또다른 세상을 만드는 것입니다. 영화 〈아이언맨〉에서 주인공인 토니 스타크가 슈트를 입으면 컴퓨터를 통해 주변 상황에 대한 정보를 한눈에 볼 수 있고, 〈미션 임파서블〉에서는 주인공 에단 헌트는 카메라에 장착된 특수 렌즈를 통해 행인들의 얼굴을 스캔한 후 특정 인물과 매칭하며 미션을 수행합니다. 이렇게 영화 속에서만 존재했던 일들이 점점 현실에 가까워지고 있습니다.

AR과 VR에서 본 것처럼 우리가 살고 있는 우주를 초월한 또다른 3차원의 가상세계를 합쳐서 '메타버스(Metaverse)'라고 부릅니다. 이것은 정치, 경제, 사회, 문화의 전반적인 측면에서 현실과 비현실이 모두 공존할 수 있는 생활형, 게임형 가상세계라는 의미로 폭넓게 사용되고 있습니다.

"이제는 메타버스의 세상이 되었다. 지금까지 20년 동안 놀라운 일이 많았다고 생각하는가? 앞으로의 20년은 SF영화와 다를 바가 없을 것이다. 메타버스의 세상이 다가온다. 그리고 현실을 시뮬레이션하는 것으로 우리의 미래를 그리겠다."

VR 헤드셋을 끼고 만나는 메타버스 세상 　　　　　　 출처 : 구글

　　엔비디아의 CEO 젠슨 황(Jensen Huang)이 한 기조연설에서 한 말입니다. 메타버스는 게임 속에서만 존재하는 것이 아닙니다. 생각보다 더 빠르게 일상과 업무 영역에도 자리를 잡아가고 있으며, 세계 곳곳에서 연구개발이 이뤄지고 있습니다. 이렇듯 비현실이지만 곧 현실이 될 메타버스에 대해 우리 부모님들이 자녀와 함께 이해하셔야 합니다. 그래야 앞으로 10년, 20년 후 우리 자녀의 앞날에 어떤 세상이 펼쳐질지 이해할 수 있고, 그 세상에서 우리 아이들은 우리 부모님과는 다른 꿈과 희망을 갖게 될 것이라는 예측을 할 수 있습니다.

메타버스는 게임, VR/AR, SNS, 이커머스 등이 혼재된 산업

[5G 통신]
FIVG(ETF명)
버라이즌(VZ)
퀄컴(QCOM)
AT&T(T)

[플랫폼]
마이크로소프트(MSFT)
메타플랫폼스(구 페이스북)(FB)
구글(GOOG, GOOGL)
애플(AAPL)

[클라우드]
아마존(AMZN)
구글(GOOG, GOOGL)
마이크로소프트(MSFT)

[개발]
엔비디아(NVDA)
유니티(U)
로블록스(RBLX)

메타버스 산업

만약 자녀가 영화에도 관심이 있다면 이런 SF영화 속 가상현실에 대해 이야기하면서 자연스럽게 AR과 VR까지 연결하면 좋겠습니다. 우리 자녀들은 이 가상현실이 그냥 게임이나 영화 속에만 존재하는 것이 아니라 곧 자신들의 미래가 펼쳐질 수 있는 곳이라는 것을 알게 될 것이고, 앞으로 영화를 보거나 게임을 할 때 예전과는 다른 태도로 접근할 수 있게 될 것입니다.

우리는 메타버스의 정의를 아는 것에서만 끝내면 안 되겠죠? 이제 메타버스가 현실화되기 위해서 어떤 인프라가 구축되어야 하는지 이미 어떤 기업들이 선두주자로 앞장서고 있는지 알아봐야 합니다. 그리고 금융쇼핑의 리스트에 올려줘야겠지요?

첫 번째 쇼핑 리스트는 플랫폼 기업입니다. 주요 테크(Tech) 기업들은 일제히 메타버스를 미래의 '기회의 땅'으로 규정하고 각종 플랫폼과 제품을 내보내고 있습니다. 메타플랫폼스(구 페이스북)는 VR 기기인 오큘러스 퀘스트 2를 출시하면서 가상현실 속 사무실과 피트니스센터를 구현하고 있습니다. 영화에서 자주 등장하는 VR 헤드셋을 끼면 허공에 모니터가 나타나면서 손으로 페이지를 넘기며 볼 수 있는 장면을 상상하시면 됩니다. 이제는 내 집 소파에 앉아서 가상현실 속의 사무실로 출근할 수 있을 것 같습니다. 마이크로소프트는 세계 최초 웨어러블 홀로그래픽 컴퓨터 홀로 렌즈를 출시했고, VR 기술이 강점인 제니맥스 미디어도 인수했습니다. 엔비디아는 가상공간에서 자유롭게 연구자, 엔지니어들이 협업할 수 있는 시뮬레이션 협업 플랫폼 옴니버스(Omniverse)를 내놓았습니다. 이미 어떤 기업들이 선두주자로 앞장서고 있는지 알아봐야 합니다. 그리고 금융쇼핑의 리스트에 올려줘야겠지요?

두 번째 쇼핑 리스트는 클라우드 기업입니다. 방대한 데이터를 처리할 수 있는 공간이 필요한데, 데이터를 보관할 수 있는 공간을 클라우드(Cloud)라고 합니다. 많은 분들이 아마존이라고 하는 기업을 전 세계 1위의 전자 상거래 기업으로 알고 계시지만 아마존은 이미 세계 최대 클라우드 기업으로 시장 점유율 1위를 차지하고 있습니다. 마이크로소프트, 구글은 클라우드 시장 점유율 2, 3위를 차지하고 있습니다.

세 번째 쇼핑 리스트는 5G 통신기술 기업입니다. 이 방대한 데

이터를 외부로 내보내기 위해서는 빠르게 전송할 수 있는 5G 통신
기술이 필수적입니다. 글로벌 5G 통신장비 점유율은 화웨이, 에릭
슨, 노키아가 차례로 1위부터 3위를 차지하고 있습니다. 그 외에도
퀄컴, AT&T, 버라이즌 등이 5G 관련 통신기업입니다.

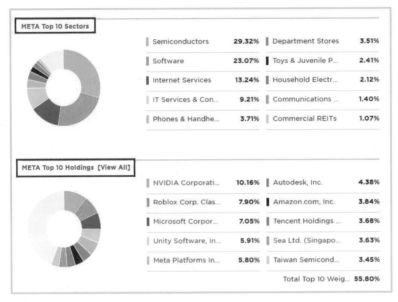

메타버스를 대표하는 ETF인 'META'의 보유 종목

자동차 편

초등학교 입학 전이었던 남동생은 도로에 지나가는 자동차 뒷모습만 보고도 자동차 브랜드와 이름을 정확하게 맞췄습니다. 저는 그런 남동생이 정말 신기했습니다. 그래서 하루는 남동생의 미니카를 쭉 세워놓고 어떤 점이 다른지 유심히 살펴봤습니다. 그런데 도저히 그 차이점을 못 찾고 금방 포기했던 것이 아직도 기억이 납니다. 지금도 마트에 가면 수많은 미니카를 볼 수 있습니다. 그리고 그 진열대 앞에서는 남자 어린이들이 사달라고 조르고 있는 모습을 볼 수 있습니다. 그럴 때 미니카 말고, 10년, 20년 후에 진짜 자동차를 살 수 있도록 그 자동차 회사 주식을 꾸준히 사주는 것은 어떨까요?

제가 초등학생이었을 때 〈전격 Z작전〉이라는 미국 드라마가 유행했습니다. 주인공 마이클 나이트가 웨어러블 손목시계에 대고 "키트 도와줘"라고 외치면 자동차가 대답을 하고는 스스로 시동을 켜고 주인공을 구출하러 옵니다. 학교가 끝나고 걸어서 집에 가기 싫을 때는 정말 키트가 나를 데리러 왔으면 좋겠다는 상상을 하곤 했습니다. 그리고 미래의 언젠가는 정말로 저런 무인자동차가 발명될 거라는 생각을 했습니다. 지금 보니 〈전격 Z작전〉에 나오는 키트라는 자동차는 인공지능이 탑재된 자율주행 자동차이자 최첨단 방탄 슈퍼카였습니다. 그리고 약 38년이 지난 지금은 현실이 되어 있습니다. 한 가지 더 보태면 키트가 전기자동차여야 완벽한 지금 시대의 자동차 모델이 됩니다.

지금 시대의 아이들에게 무인 자율주행 자동차는 더 이상 미래형 자동차가 아닙니다. 그래서 우리 부모님들은 자녀의 관심사인 자동차에 대해 이야기할 때 자동차 제조회사뿐만 아니라 반도체, 배터리, AI, 자율주행, 하드웨어&소프트웨어, 친환경 기술주까지 산업을 확장해 공부하면서 자녀와 대화를 연결해가셔야 합니다. 특히 세계적인 IT대기업 애플까지도 이 분야에 진출하겠다고 선언한 만큼 앞으로 전망은 밝아 보입니다.

현재 자율주행 자동차의 주자는 바로 테슬라(Tesla)입니다. 하지만 그 외 어떤 종목을 매수해야 될지 모르겠으면 관련된 ETF를 먼저 확인해보세요. 이제부터 자율주행과 관련해서 대표적인 미국 ETF를 소개해드리려고 하는데, 이 ETF를 매수하시라는 것이 아니라 종목 선정이 어려울 때는 지금처럼 관련 ETF를 먼저 살펴보면서 해당 산업군과 기업들 리스트를 먼저 확인한 뒤 개별 기업을 검색해보는 것이 자녀와 함께 금융쇼핑을 할 때 많은 도움이 된다는 것을 말씀드립니다.

먼저, iShares Trust Self Driving EV and Tech ETF(IDRV) 입니다. ETF명에서 느껴지는 것처럼 자율주행 그리고 자율주행과 관련된 기술주를 묶어둔 ETF입니다. ETF의 주요 10대 종목(Holdings)을 살펴보면, 테슬라, 삼성전자, 애플, 인텔, 도요타, 구글, 퀄컴, 엔비디아, 마이크로 디바이스, 제너럴 모터스입니다. 보시는 것처럼 자동차 제조회사뿐만 아니라 반도체, 하드웨어 등 Consumer Cyclical, Technology&Communication Services의 산업군으로 이뤄진 것을 볼 수 있습니다. ETF를 확인 후 자녀와 대화를 확장해가시면 됩니다. 예를 들면, "왜 애플 같은 IT기업이 자율주행 자동차 산업에 투자를 했을까?", "그래서 최근 뉴스에 나온 것처럼 애플카를 만들기 위해 현대자동차와 협업한다고 하는 걸까?", "퀄컴이란 회사는 무슨 회사이지? 아, 미국 회사이고, 세계 최대의 통신 반도체 기업이구나. 그런데 왜 자율주행 자동차에 투자를 했지?" 등 자녀와 대화를 이어나가면서 검색을 통해 자율주행 자동차에 대한 넓은 이해와 자동차에 대한 관심이 다양한 관점을 가져올 수 있도록 해주는 것이 자녀와 함께 주식을 해야만 하는 이유입니다.

IDRV 차트&홀딩스   출처 : finance.yahoo.com

　요즘 아파트 주차장이나 휴게소 등에서 전기자동차 충전소를
볼 수 있습니다. 아직은 그 수가 많지 않지만 전 세계적으로 내연
기관 자동차에서 전기자동차로의 대전환을 맞이하고 있기 때문에
머지않아 주유소보다 전기자동차 충전소의 수가 더 많아질 것입니
다. 또한 코로나19라는 전 세계적인 팬데믹을 겪으면서 지구의 온
난화로 인한 위기감이 부각되는 가운데 각국 정부들까지 탈 탄소
정책을 내세우며 전기자동차 시장 확대를 독려하고 있습니다. 미
세먼지와 온실가스 등을 줄이고 지속 가능한 미래를 만들기 위해
서는 전기자동차 보급이 필수라는 판단 때문입니다. 실제로 영국
은 2030년 이후 휘발유와 경유 등의 신차 판매를 금지했고, 중국
도 2035년까지 내연기관 자동차의 생산을 중단한다고 밝힌 바 있
습니다. 우리나라 현대자동차그룹도 2025년까지 60조 원을 전기
자동차를 비롯한 미래사업에 투자하기로 했으며, 글로벌 시장 점
유율은 8~10%까지 기대하고 있다는 기사를 볼 수 있습니다.

의료기술 및 바이오 편

의사를 주인공으로 한 드라마나 영화는 매년 새롭게 만들어져 방송되고 있습니다. 그만큼 의사는 존경받는 직업이고, 많은 이들이 되고 싶은 직업이기도 합니다. 그래서인지 예전이나 지금이나 아이들의 장래희망에는 항상 의사, 간호사라는 직업이 있습니다. 그런데 예전과 현재의 모습이 비슷한가요? 아니면 많이 달라졌나요? 우리가 드라마에서 보는 것은 큰 차이가 없어 보이지만, 현실에서 병원에 가보면 의료기기들의 수가 많아지고 기술적인 면에서도 업그레이드된 것을 알 수 있습니다. 로봇 수술이라는 것도 있습니다. 로봇이 첨단 수술 기구가 되고, 수술하는 의사가 원격으로 조종해서 로봇이 환자를 치료 및 수술합니다. 이것은 이미 21년 전인 1999년에 미국의 인튜이티브 서지컬(ISRG)이란 회사에 의해 처음 출시되었고, 현재는 많은 나라에서 이러한 로봇 수술을 진행하고 있습니다. 앞으로는 로봇 수술의 횟수는 더 많아질 것이라고 예상할 수 있습니다. 그럼 최초의 로봇 수술을 진행한 인튜이티브 서지컬의 주식은 어떻게 되었을까요? 굉장히 작았던 벤처기업에서 지금은 나스닥에 상장된 엄청난 규모의 큰 회사로 성장했으며, 전 세계 로봇 수술 시장의 80%를 점유하는 압도적인 기업임을 알 수 있습니다. 그리고 단지 의료기기 기업이 아닌, 로봇 수술 플랫폼을 장착하는 것을 목표로 하며 발전해나가고 있는 기업입니다.

만약 여러분 자녀의 장래희망이 의사거나 의료계 종사자라고 한다면, 아니면 자녀를 의사로 키우고 싶으시다면 이런 회사들의 히스토리를 통해 자녀에게 의료계의 현재, 미래 그리고 다른 나라에서의 상황 등을 보여주는 것은 어떨까요?

3D 프린터라고 들어보셨나요? 도면을 바탕으로 3차원의 입체 물건을 만들어내는 기계를 말합니다. 이 기술을 이용해 사람의 장기를 만든다고 합니다. 이미 2019년 4월에 3D 바이오 프린팅으로 살아 있는 세포를 쌓아 혈관까지 갖춘 인공심장 제작에 처음 성공했습니다. 세계 각국에서 3D 바이오 프린팅을 통해 인공장기를 제작하려는 움직임이 가속화되고 있고, 머지않은 미래에 환자들은 3D 프린터로 제작한 장기를 이식받게 될 것이라고 합니다. 최근 인기리에 방영된 〈슬기로운 의사 생활〉이라는 의학 드라마가 있었습니다. 저와 연진이, 연수도 아주 재미있게 봤는데, 극 중 주인공

인 배우 조정석은 우리나라 최고의 이식 전문가로 나왔습니다. 드라마에서 장기 이식을 받아야 하는데 기증자가 없어서 또는 조직이 맞지 않아서 등의 이유로 장기 이식이 참 힘들다는 것을 보여주는 슬픈 에피소드들이 많이 나왔습니다. 몇 년 뒤에 〈슬기로운 의사 생활〉의 후속 편이 나온다면 그때는 3D 바이오 프린팅으로 만들어진 인공 심장으로 이식 수술을 하는 모습을 볼 수 있지 않을까요?

코로나19를 겪으면서 의료계도 큰 변화를 맞이했습니다. 그중 환자가 의사를 만나지 않고도 진료를 받을 수 있는 비대면 진료의 중요성이 부각되었습니다. 미국에 텔레독(Teledoc)이라는 회사가 있습니다. 원격 건강 관리 회사입니다. 아픈 환자가 병원에 갈 필요 없이 화상이나 전화를 통해 비대면으로 진료를 받고, 원격으로 환자를 꾸준히 모니터링하는 개념입니다. 텔레독은 간단한 피검사, 혈당검사 그리고 엑스레이 등을 집에서 환자가 직접 할 수 있으면 검사 결과를 집에서 받아 볼 수 있고, 처방전도 환자 집 앞으로 드론이 배달해준다는 신개념 비대면 진료 서비스를 추구하는 기업입니다. 우리나라와 달리 미국은 국민건강보험이 잘되어 있지 않고, 민간보험은 너무 비싸서 가입하기 힘들다고 합니다. 또한 의사나 간호사의 수도 부족하며 진료를 예약하고도 의사를 만나는 데 2~3주가 걸린다고 합니다. 그러니 항상 정치적 이슈가 될 수밖에 없었습니다. 이런 미국에서 굳이 병원을 가지 않고도 누구나 비대면으로 진료받을 수 있는 서비스를 제공한다고 하니 이 기업의 성장률은 어떨까요? 이 회사는 이미 전 세계로 사업을 확장하고 있습니다. 해당 시장 점유율 70%가 넘는 1위 기업이고, 유일하게 상장된 기업입니다. 코로나 같은 바이러스의 잦은 출몰이 예상되는 현시점에서 비대면 원격 진료 서비스는 모든 나라에서 메리트를 느끼는 새 산업 분야임에 틀림없습니다. 이미 아마존이 이 원격의료 시장에 진입하겠다고 발표했습니다.

앞서 메타버스 편에서 이미 VR, AR 등의 기술혁신이 의료계에 큰 변화를 가져오고 있다는 것을 알 수 있었습니다. 즉 앞으로 우리 자녀들이 성장해서 의사 선생님이 될 10년 후에는 의료계에도 많은 변화가 있을 것이고, 그 환경이 지금과는 많이 다를 것이라고 예상됩니다. 어떤 미래가 펼쳐질지 미리 자녀에게 보여줌으로써 자녀의 희망사항이 좀 더 구체화될 수 있지 않을까요? 자녀와 함께 AI, 3D 프린트 등의 기술혁신 분야나 의료기기 회사들의 주식을 공부하면서 이러한 미래를 확인해볼 수 있을 것 같습니다.

⟨잠깐! 금융쇼핑 Tip!⟩
원격진료 관련 ETF

EDOC **Global X Telemedicine & Digital Health ETF**

Price:	$18.25 ⬆
Change:	$0.14 (0.77%)
Category:	Health & Biotech Equities
Last Updated:	Nov 11, 2021

EDOC Stock Profile & Price

Dividend & Valuation

Expenses Ratio & Fees

Holdings

Holdings Analysis Charts

Price and Volume Charts

Fund Flows Charts

Price vs Flows AUM Influence Charts

ESG

Performance

Technicals

Realtime Rating

Vitals

Issuer	Mirae Asset Global In...
Brand	Global X
Expense Ratio	0.68%
Inception	Jul 29, 2020
Index Tracked	Solactive Telemedici...

ETF Database Themes

Category	Health & Biotech Equ...
Asset Class	Equity
Asset Class Size	Multi-Cap
Asset Class Style	Growth
Sector (General)	Healthcare
Sector (Specific)	Broad
Region (General)	North America
Region (Specific)	U.S.

FactSet Classifications

Segment	Equity: Global Health Care Equipment & Services
Category	Sector
Focus	Health Care
Niche	Health Care Equipment & Services
Strategy	Fundamental
Weighting Scheme	Market Cap

출처 : ETFDB.COM

운동선수 편

2019년도 초등학생 장래희망 1위는 운동선수입니다. 예전부터 순위에 있었지만 점점 인기가 많아져 1위에 올랐습니다. 프리미어리그에서 뛰고 있는 손흥민 선수의 경제적 파급효과가 약 2조 원으로 추산된다고 합니다. 와우! 우리 모두 자녀들을 잘 키워봅시다.

장래희망이 운동선수인 자녀와 어떤 대화를 통해서 어떤 주식을 매수해주면 좋을까요? 운동 종목도 다양하니, 아이들이 입는 옷이나 신발 또는 운동 기구의 브랜드로 먼저 접근해보는 건 어떨까요? 둘째 딸 연수도 장래희망이 운동선수입니다. 리듬체조 국가대표가 된 뒤 공부를 계속해서 교수가 되고 싶어 합니다. 이런 연수에게 첫 번째로 사준 주식은 나이키 주식이었습니다. 그 이유는 간단했습니다. 연수가 나이키 옷을 좋아했기 때문입니다. 하지만 연수의 소중한 돈으로 사주는 주식이니 만큼 기업을 선정하기 전에 엄마가 기업 가치를 잘 확인해야만 했습니다. 그 과정에서 나이키가 스포츠 브랜드 가치 1위 기업이고, 포브스가 선정한 100대 기업들 중에서도 13위를 차지하고 있다는 것을 알게 되었습니다. 나이키의 시가총액은 약 243조 원으로 우리나라 현대자동차나 LG화학보다 더 높습니다. 스포츠 의류 및 장비 업체가 반도체나 자동차 기업보다 더 큰 시가총액을 가지고 있다는 것에 놀랐습니다.

스포츠 브랜드 1위인 나이키 역시 코로나19의 여파로 매출액이 38%까지 감소했었습니다. 하지만 그동안 쌓인 고객의 빅데이터와 두꺼운 팬덤을 기반으로 자체적인 소비자 직거래 판매 채널과 온라인 매출 비중을 꾸준히 증가시키면서 2020년 한 해만 35.5%의 주가 상승을 이뤘습니다. 스포츠 산업에서 강력한 팬덤과 브랜드 파워를 지니고 있는 나이키는 여전히 매력적인 기업이며, 코로나가 종식되면서 사람들이 일상생활로 돌아가게 되면 그동안 못했던 운동을 더 열심히 하게 될 테니 오프라인과 온라인의 매출은 더 향상될 것으로 생각됩니다. 나이키 주식을 매수하고 주가가 꾸준히 오르는 것을 본 연수는 그전보다 더 나이키 트레이닝복이 좋아진 것 같다고 이야기합니다. 이건 소비자로서의 평가일까요? 주주로서의 느낌일까요?

두 번째로 사준 주식은 요가복의 샤넬이라고 불리는 캐나다 회사 룰루레몬(Lululemon Athletica, LULU)입니다. 레깅스로 유명한 회사입니다. 연수의 경우 리듬체조를 하다 보니 레깅스 스타일의 트레이닝복을 많이 입게 되어 관심 있게 본 제품입니다. 하지만 레깅스 한 벌이 20만 원 정도로 사주기에는 너무 비쌌습니다. 그래서 연수에게 제안했습니다.

"연수야, 이곳 레깅스가 엄청 편하고 좋대. 그래서 세계적으로 많은 사람들이 입으면서 유명해졌고, 우리나라 백화점에도 많이 들어와 있어. 어때? 주가가 꾸준히 성장하고 있지? 그래서 이곳 레깅스를 사주고 싶은데, 한 벌에 20만 원이네."

"아우, 너무 비싸다."

참고로 저는 아이들과 같이 어떤 물건을 살 때 가격을 알려줍니다. 물건 값이 자신들의 용돈의 몇 배 정도 되는지 빠르게 계산해보고는 비싸다는 것을 알게 됩니다.

"주식 1주의 가격은 30만 원 조금 넘으니까 주식을 먼저 사고 수익이 나면 매도해서 레깅스 2벌을 사자. 어때?"

연수는 흔쾌히 동의했고 여유자금(Extra money)으로 모아둔 것으로 일단 1주를 먼저 매수했습니다.

세 번째로 사준 주식은 펠로톤(Peloton)이라고 하는 운동기구 회사의 주식입니다. 펠로톤은 피트니스 시장에서 엄청난 성공을 거둔 피트니스계의 넷플릭스라는 호평을 받고 있는 미국 기업으로 2019년에 나스닥에 상장되었습니다. 직접 헬스장에 가지 못하는 사람들을 위해 집이나 사무실에서도 재미있게 운동을 할 수 있도록 사이클이나 트레드밀에 모니터를 달아주고, 펠로톤이 제공하는 스포츠 콘텐츠를 구독할 수 있어 다른 구독자들과 함께 실시간 라이브 클래스 등을 참여하면서 모니터를 통해 다른 사람과 함께 운동하는 효과를 가질 수 있게 했습니다. 또한 수십만 명의 팔로워를 가진 운동 강사 인플루언서를 직접 육성하고 우사인 볼트(Usain Bolt) 등 셀러브리티(유명인)와 함께 커뮤니티 중심의 운동을 독려했습니다. 또한 신체 정보를 입력하면 나에게 맞는 최적화된 운동을 추천해줌으로써 운동의 효과를 높일 수 있게 했습니다. 코로나19로 실내에서 머무르는 시간이 늘어남에 따라 미국을 비롯한 전 세계에서 홈트레이닝 열풍이 불어 큰 수혜를 입고, 급성장을 거듭하고 있습니다.

이 펠로톤은 리듬체조를 하는 연수와는 큰 연관이 없습니다. 다만 이 주식을 사준 이유는 펠로톤이라고 하는 회사가 가진 마케팅 전략 때문이었습니다. 기업이 성장하려면 동종업계와는 다른 차별성을 가지고 있어야 하고, 그 차별성은 시대의 흐름을 잘 반영하고 있어야 된다는 것을 간접적으로 알려주고 싶었습니다. 성장하는 기업들의 스토리를 꾸준히 읽는 것 또한 자녀들에게 큰 영향력을 끼치리라 생각됩니다.

자녀와의 대화
에피소드 4

"엄마, 에너지화학 연구원이 될래요"

연진이는 과학을 좋아합니다. 그중에서도 화학을 제일 좋아하고, 두 번째로 생물을 좋아합니다. 그래서 진로도 이쪽으로 생각하고 있는데, 선생님께서 화학공학과 생명공학이 미래에 유망한 분야라며 전공해도 좋을 것 같다고 하셨답니다. 그래서 제가 연진이한테 물어봤습니다.

"연진이 네 생각도 그래?"

"응."

"왜 그렇게 생각해?"

"앞으로 인간이 살려면 지구가 건강해져야 하는데, 그러려면 탄소량을 줄여야 하니 태양력이나 풍력 등 대체에너지가 필요해. 그쪽과 관련 있는 에너지화학과나 화학공학 쪽이 발전할 것 같아."

"생명과학은?"

"사람이 오래 사는 건강 쪽이나 코로나 같은 바이러스에 대한 바이오들을 연구해야 될 것 같아. 빙하가 계속 녹으면서 그 속에 얼어 있던 고대, 중세 시대의 바이러스들이 깨어날 수도 있어서 앞으로는 더 다양한 바이러스들이 자주 출현할 거래."

연진이의 이야기를 듣다 보니 미래 지구와 인류가 걱정됩니다.

"연진아 이 주식 그래프는 어때?"

"앗, 코로나 이후 거의 4배가 올랐네!"

"이 ETF 이름 좀 읽어볼래?"

"GLOBAL CLEAN ENERGY FUND?"

"뭐지?"

"아, 신재생에너지!"

"미국 대통령에 누가 당선됐지?"

"조 바이든."

"바이든의 공약을 읽어볼까?"

"아! 친환경, 재생에너지, 전기자동차…. 그래서 저 펀드의 그래프가 저렇구나."

"그래서 엄마가 네 용돈 중 투자금으로 모은 걸 미국 대선 전에 매수해뒀지. 3달 동안에 수익률이 68.92% 났어. 그리고 전 세계 전기자동차의 20%를 보유한 테슬라는 어때? 9월 초에 매수한 건데 4개월 만에 114% 수익이 났네. 바이든의 공약과 딱 맞는 기업이지?"

"대박! 엄마, 근데 팔지 마. 테슬라랑 신재생에너지는 더 올라갈 것 같아."

금요일 저녁, 고등학교 1학년인 딸과 간단히 10분간 한 대화입니다. 대화에 어려움이 있었나요? 만약 여러분 중 사춘기 자녀와 서먹서먹한 관계 속에서 어떤 대화를 하며 이야기를 이어갈지 고민이시라면 얼른 자녀 명의로 주식을 먼저 사주세요. 그리고 저처럼 이야기를 나눠보세요. 언론에서 나오는 이슈들에 대해 꾸준히 공부하고 있으면 됩니다. 그럼 자녀와 이런 대화들을 이끌어나갈 수 있습니다.

〈잠깐! 금융쇼핑 Tip!〉
ESG 이야기

ESG는 환경(Environment)·사회(Social)·지배구조(Governance)의 앞 글자를 딴 것으로 기업의 비재무적인 성과를 측정하는 지표를 말합니다. 환경은 탄소배출, 기후변화, 환경오염 등으로 구성되어 있으며, 사회 부문은 사회책임경영, 사회공헌, 근로자·협력사·소비자·지역사회관계 등으로, 지배구조는 투명경영, 사업 윤리, 부정부패 등으로 평가받습니다(http://www.kbiznews.co.kr).

ESG는 최근 투자자들도 중요하게 여기는 지표로 꼽히는데, 투자자들은 이제 투자하고자 하는 회사의 실적만을 보지 않습니다. 그 회사가 어떻게 돈을 벌고 쓰며, 얼마만큼 투명하게 회사를 운영하는지 종합적으로 평가합니다. 기업의 사회적 책임도 하나의 투자 지표입니다. 기업이 단순히 돈을 버는 경제 주체가 아닌, 사회와 만나고 환경(지구)을 지키는 선순환 구조의 핵심이 되어야 한다는 믿음이 커지고 있기 때문입니다. 기업의 사회적 공헌(CSR)이 선택이었다면 ESG는 필수라는 말이 나오는 이유입니다.

세계 최대 자산운용사인 블랙록의 래리 핑크 회장은 지난해 9월 "투자 결정 시 지속 가능성을 기준으로 삼겠다"라며 "포트폴리오 70%를 ESG를 따져 투자하겠다. 2020년 말 100%까지 확대적용하겠다"라고 선언했습니다. 참고로 블랙록의 관리자산 규모는 7억 4,000달러에 달합니다. 이에, 많은 투자사들도 블랙록의 투자 잣대를 연구하기 시작했습니다. 기업의 ESG 성과를 바탕으로 투자하는 기업들이 늘어나는 추세입니다.

미국 CNBC에 따르면 세계 ESG 펀드의 규모는 지난해 하반기 들어 처음으로 1조 달러를 돌파했다고 합니다. 유럽에서는 ESG를 가장 중요한 투자 요소로 여기는 펀드들의 수가 몇천 개에 달합니다.

참고 : 중소기업뉴스

자녀와
금융쇼핑하기
-가족여행 편

여행 전 가족여행 펀딩 만들기

여러분이 여행을 가기로 했다면 어떤 계획을 세우시나요? 우선 누구와 함께 어디로 갈 것인지 여행할 나라 또는 장소를 고르고, 숙소와 비행기, 그리고 관광할 명소를 선택합니다. 패키지로 갈 것인지, 자유여행으로 갈 것인지도 선택합니다. 그리고 이 모든 것은 예산 안에서 결정되어야 합니다. 간혹 신용카드 할부로 다녀올 수도 있습니다. 하지만 여행 마지막 일정부터는 앞으로 닥쳐올 카드값 때문에 마음이 무거워지기 시작합니다. 당장 다음 달부터 생활비를 줄여야 하는 불편함이 있으니까요. 여행이 우리를 위한 선물이라기보다는 부담이 되어버립니다. 저만 이런 경험이 있는 건가요?

그래서 저는 1년마다 여행을 위한 자금을 따로 모으기 시작했습니다. 주로 주식이나 ETF로 투자해서 모으고 있습니다. 그리고 자녀들도 이 여행자금에 자신들의 돈을 투자하도록 합니다. 그렇게 해보니 자녀들이 여행에 대한 관심이 더 생기고, 더 의미 있어 합니다. 예전에는 주로 부모님이 가자는 곳으로 따라만 다니는 수동적인 여행이었다고 하면, 이제는 자신이 직접 투자한 여행이기에 여행하는 순간이 매번 능동적이고, 집중을 더 잘하는 것 같습니다.

2019년 새해에 중학교 3학년, 초등학교 4학년이 된 연진이 연수와 함께 온 가족이 호주와 뉴질랜드를 다녀왔습니다. 이 여행이 더 기억에 남고 특별했던 이유는 여행 가기 1년 전부터 아이들과 함께 여행 계획을 짜고, 여행자금도 같이 펀딩(Funding)을 통해 모아서 다녀왔기 때문입니다. 우리 집 가족여행에는 룰이 있습니다. 패키지여행이 아닌 자유여행이어야 하고, 시내에 숙소를 잡기보다는 좀 외곽으로 정합니다. 이유는 그 나라의 다양한 대중교통을 이용해보고 싶어서입니다. 그래서 연진이, 연수는 다른 나라의 전철과 버스의 티켓을 사러 매표소에도 많이 가봤고, 전철 라인도 제법 잘 찾아갑니다. 어떻게 잘할까요? 바로 앞 사람들이 어떻게 하는지 잘 살펴봤다가 그대로 따라 하는 것입니다. 눈치가 좋아졌다고 할까요? 물론 아직 어린 연수는 언니를 잘 따라 다니면서 배웁니다. 자, 이제부터는 정말로 여행 계획을 짠다는 즐거운 상상을 하시면서 읽어보실까요?

먼저, 목적지와 일정을 정합니다. 여행 목적지는 호주와 뉴질랜드로 정했습니다. 이 두 나라는 1995년도에 제가 어학연수를 다녀온 곳입니다. 아이들이 엄마가 어떤 공간에서 어떤 것들을 보면서 어떤 공부를 했는지 가보고 싶다고 해서 정했습니다. 저 역시 다시 가보고 싶었던 곳이었기에 그곳을 선택해준 아이들에게 감사했습니다. 일정은 구정연휴로 정했습니다. 총 8박 10일이라는 제법 긴 여행이었습니다.

이제 목적지와 여행 일정이 나왔으니, 예산을 세워야 합니다. 예산 중에서도 가장 큰 부분을 차지하고 있는 숙박과 비행기값을 확인해봅니다. 이제부터는 아이들의 의견이 중요합니다. 왜냐하면 여행자금을 낸 투자자들이기 때문입니다. 호텔에서 투숙할지, 아니면 에어비앤비에서 투숙할지, 그리고 국내 항공사와 외국 항공사 중 어느 쪽을 이용할지도 선택하라고 했습니다. 물론 아이들이 선뜻 선택하는 것이 쉽지는 않습니다. 그래서 여러 날 동안 아이들과 같이 검색해봐야 합니다. 그사이 엄마는 머릿속으로 빠르게 예산을 고려해야 합니다. 아이들은 결국 그 나라의 의식주를 제대로 경험해보고 싶다면서 에어비앤비를 선택했고, 외국 항공사의 스튜어디스 언니들도 예쁜지 보고 싶다고 해서 싱가폴에어라인과 콴타스라는 호주에어라인을 선택했습니다. 감사하게도 호텔보다는 에어비앤비가, 국내 항공사보다는 외국 항공사가 더 저렴했습니다. 이렇게 결정된 숙소와 비행기값은 여행 비용의 약 2/3 정도를 차지합니다.

이제 관광하고, 방문할 곳들을 정합니다. 저는 이때 '연진이의 날'과 '연수의 날'을 지정해주고 각자의 날의 스케줄을 한번 짜보라고 했습니다. 그래서 연수는 뉴질랜드에서, 연진이는 호주에서 각각 고르기로 했습니다. 그럼 아이들은 그다음에 어떤 행동을 하게 될까요? 왜 동생인 연수는 뉴질랜드를 선택했고, 언니인 연진이는 호주를 선택했을까요? 아이들은 아직 가보지 못한 그 나라에 대한 사전 공부를 해야 하는데, 그러려면 나라에 대한 책을 찾아보기도 하고, 인터넷 검색도 하면서 가보고 싶은 장소를 고르게 됩니다. 그래서 작은 나라인 뉴질랜드를 연수가 맡게 된 것입니다. 알아야 할 내용이 적을 테니까요. 뉴질랜드에서 〈반지의 제왕〉이라는 영화를 찍었다는 사실을 알게 된 연수와 연진이는 여행가기 전까지 시리즈를 모두 봤으며, 연수는 뉴질랜드에서의 여행지를 〈반지의 제왕〉 촬영지였던 '호빗 마을'로 정했습니다. 그 과정에서 연진이와 연수는 뉴질랜드의 날씨, 화폐, 종교, 사회적 그리고 지리적 특징, 역사, 음식 등 다양한 내용을 알게 됩니다. 특히 영국의 식민지였는데도 원주민과 백인들이 조화를 이루면서 평화롭게 지내고 있다는 것도 알게 되었고, 원주민인 마오리족의 전통적인 인사법과 전사의 춤까지도 미리 공부하게 되었습니다. 이렇게 아이들에게 역할을 주니 더 책임감 있게 책도 보고 공부도 합니다. 그것도 아주 즐거운 마음으로 말입니다.

연수의 날 방문한 뉴질랜드의 호빗마을(위)과 마오리족 공연(아래)

아주 구체적인 일정까지 모두 나왔습니다. 이제는 하루 평균 식비와 대중교통 비용 그리고 하루 용돈까지 계산해서 총예산이 나왔습니다. 약 1,200만 원 정도 예상됩니다. 그래서 총예산의 1%인 12만 원씩 여행자금에 보태기로 했습니다. 한 명당 한 달에 1만 원씩입니다. 물론 아주 작은 비중이지만, 이 1%의 비중이 아이들에게 여행의 더 큰 의미와 뿌듯함, 그리고 행복함을 가져다주었습니다.

이제는 엄마의 차례입니다. 부부는 1년 동안 매달 100만원씩 저축해야 합니다. 여기서 저축은 은행의 적금을 이야기하는 것이 아니라 모아야 한다는 의미입니다. 1년 동안 돈을 모으는 데는 매달 동일한 금액으로 동일한 날짜에 ETF나 펀드를 매수하는 것이 리스크를 줄일 수 있는 효과적인 방법입니다. 이를 적립식 매수라고 합니다.

매달 저축할 금액과 저축 기간이 정해졌으니, 어디에 투자를 할 것인지 정해야 합니다. 이 과정에서 여행하기로 한 나라에 관련된 주식이나 ETF를 매수하는 것도 여행의 또 다른 목적이 될 수 있습니다. 그건 여행할 나라를 금융쇼핑함으로써 그 나라를 더 이해할 수 있기 때문입니다. 우리나라에서는 삼성이 가장 큰 기업인데, 호주에서는 어떤 기업이 가장 큰지, 그 기업은 어떤 산업군의 기업인지, 제조하고 판매하는 종목이 무엇이고, 우리가 한국에서도 그 제품을 접한 적이 있는지 등 호주의 삼성 같은 기업부터 알아보는 것도 재미있습니다. 그러려면 그 나라를 대표하는 ETF를 먼저 매수하면 됩니다. 호주의 경우에는 'iShares MSCI Australia ETF'입니다. 호주를 대표하는 기업들을 묶어둔 이 ETF의 주요 산업군을 보면, 금융업이 약 33%, 금속, 광물, 목재 등의 기초소재 산업(Basic Materials)이 약 20%, 헬스케어가 12% 정도를 차지하고 있습니다. 실제로 호주는 광산업이 발달한 나라이기도 합니다.

호주 곳곳에서는 건강식품이나 영양제 판매처도 정말 많이 볼 수 있습니다. 심지어 면세점에서도 건강식품과 영양제들이 많이 판매되고 있음을 볼 수 있습니다. 국내에서도 호주의 영양제 등을 해외직구하는 사람들이 많이 있습니다. 또한 호주는 관광 수입, 해외 유학생으로 인한 수입, 그리고 금융업 등 고부가가치 서비스업 분야에서 경쟁력을 갖추고 있습니다. 실제로 호주를 여행하면서 공장을 거의 볼 수 없었고, 호주와 뉴질랜드를 대표하는 'ANZ뱅크' 등 금융기관을 많이 볼 수 있었습니다.

25년 전 뉴질랜드 어학연수 당시 저는 ANZ뱅크의 고객이었습니다. 그때는 주로 부모님이 보내주시는 생활비를 ATM에 가서 인출해 쓰는 것만 알았습니다. 하지만 우리 아이들은 이 은행의 주주가 되어서 여행을 온 것입니다. 참 멋지지 않나요?

호주와 뉴질랜드는 인구밀도가 높지 않기에 대형 마트가 많지 않고, 굉장히 드문드문 있습니다. 하지만 그 규모는 굉장히 큽니다. 그중에서도 대형마트인 울월스(Woolworths)마켓이 많이 보였고, 안에는 사람들도 많았습니다. 그렇다는 뜻은 다른 마켓 대비 장사가 잘되고 있다는 것이고, 이 마켓의 주식을 아주아주 적게 보유한 딸들은 다른 마켓이 아닌 울월스만 찾아가게 되었습니다. 이 것이 주식을 보유한 주주의 자세가 아닐까요?

우리 아이들 세대에는 투자가 선택이 아닌 필수라고 하지만, 학교에서나 사회에서 투자, 금융, 경제 등에 대한 이론적인 부분을 제대로 가르쳐주지 않습니다. 그렇다고 마땅히 배울 곳도 없습니다. 그리고 부모 세대인 우리들 또한 투자에 대해 제대로 배우지 못한 것은 똑같습니다. 자본주의 사회에서 돈 없이는 살 수 없는데, 돈을 가르치지 않는 아이러니함이 있습니다.

여행이라는 단어는 설렘, 기다림, 즐거움 그리고 행복함이라는 좋은 감정을 가져다줍니다. 우리 아이들과 이런 여행을 계획하면서 즐거운 마음으로 투자를 해보시기를 추천합니다. 혹시라도 투자의 결과가 만족스럽지 못하면 또 어떻습니까? 물론 마음은 아프겠지만, 자녀와 함께 만들어본 여행의 플랜 속에는 우리가 돈 주고도 살 수 없는 값진 경험과 추억이 많이 담겨 있으니 이것만으로도 얼마나 행복한 일입니까! 만약 투자 수익이 좋지 않다고 하면, 내년에도 또 내년에도 계속 여행 펀딩을 하세요. 그렇게 매해 투자 경험이 쌓이다 보면 우리 자녀들에게 투자의 지식과 경험도 시간의 복리처럼 쌓이지 않을까요? 어떠세요? 빨리 코로나가 종식되어서 아이들과 함께 여행 펀딩을 해서 더 값지고 즐거운 여행을 떠나고 싶지 않으신가요?

〈잠깐! 금융쇼핑 Tip!〉

EWA ETF 이해하기

••

iShares MSCI Australia ETF는 호주를 대표하는 약 70개 기업의
MSCI지수 종목에 투자하는 ETF입니다.

▶ iShares : 세계 1위 자산운용사인 블랙록(Blackrock)에서 운용하는
ETF 브랜드

▶ MSCI : Morgan Stanley Capital International의 약자로, 미국의
모건 스탠리에서 지정한 지수인데, 글로벌 증시의 'MSCI지수를 산출하며, 각
국의 지수, 업종별로도 산출해서 주로 영미권 투자자들의 투자 판단 지표로서
많이 활용됩니다. 크게 '선진지수'와 '신흥지수'가 있으며, 우리나라와 중국은 '신흥
지수'에 편입되어 있습니다.

▶ 즉, 호주의 대표적인 주식을 모아서 iShares(블랙록)에서 운용하는 ETF입
니다. ANZ뱅크 등을 포함한 금융 섹터가 약 30% 정도 차지하고 있습니다.

EWA **iShares MSCI-Australia ETF**

Price: $26.07 ↑
Change: $0.23 (0.89%)
Category: Asia Pacific Equities
Last Updated: Nov 11, 2021

Top 15 Holdings

Symbol	Holding	% Assets ▾
CBA	Commonwealth Bank of Australia	11.78%
CSL	CSL Limited	8.72%
BHP	BHP Group Ltd	6.42%
NAB	National Australia Bank Limited	6.06%
WBC	Westpac Banking Corporation	5.10%
ANZ	Australia and New Zealand Banking Group Limited	4.88%
MQG	Macquarie Group Limited	4.19%

출처 : etfdb.com

여행 갈 나라의 ETF 및
그 나라의 일등 기업 찾아보기

다음 우리 가족의 여행지는 미국 동부와 캐나다입니다. 연진이가 지금 막 고등학교 2학년이 되어서 대학 입학하기 전에 다녀와야 될 것 같습니다. 그래서 펀딩할 수 있는 기간은 2년입니다. 2년 동안 모아야 할 주식은 주로 미국과 캐나다에 대한 종목이나 펀드가 될 것입니다. 전에 다녀왔던 호주와 뉴질랜드는 다행히도 제가 좀 알고 있는 나라였기에 그 나라 기업들을 찾아보는 것이 그리 어렵지는 않았습니다. 그리고 미국은 우리가 익히 알고 있는 기업들이 많기에 검색하는 데 어렵지 않을 것 같습니다. 그래서 캐나다에 대해 먼저 알아보려 합니다. 그럼 캐나다는 어떤 산업들이 발전해 있고, 날씨, 인구수, 사람들의 특성 등이 어떤지 알아봅니다. 책을 볼 수도 있고, 검색을 통해 찾아볼 수도 있습니다. 하지만 그것보다 더 좋은 방법이 있습니다. 특히 캐나다의 산업과 기업에 대해 알아볼 수 있는 아주 좋은 방법입니다. 그것은 바로 캐나다의 기업들을 묶어둔 펀드를 먼저 찾아보는 것입니다. 그런 뒤 펀드 속 캐나다 기업들의 리스트를 가지고 검색하게 되면 좀 더 수월합니다. 즉, 결과를 먼저 확인해보는 것입니다.

캐나다는 농산물과 천연자원이 풍부합니다. 또한 금융업이 발달했습니다. 2012년 기준으로 GDP에서 5% 이상을 차지하는 산업으로는 광산개발업 8.5%, 건설업 7.1%, 제조업 10%, 도소매 10%, 금융·보험·부동산업이 19%, 과학기술 전문 서비스업이 5.2%, 교육 분야가 5.4%, 의료 사회복지 분야가 7.1% 등이 있습니다. 하지만 캐나다 자체의 유명 제조업체가 적어 제조업 부분에는 취약점을 가집니다. 그래서 캐나다는 3차산업이 GDP의 70%를 담당하는 3차 경제 대국입니다.

그럼 캐나다에 관련된 펀드를 찾아볼까요? 앞에서 나라별 액티브 펀드를 소개했으니 이번에는 ETF로 소개해드리려고 합니다. 미국의 ETF.com 사이트에 가면 메뉴 가운데 'ETF by Region'이 있습니다. 즉, 나라별 대륙별로 ETF를 정리해둔 곳입니다. 이곳에서 쉽게 여행 갈 나라의 ETF를 검색해보실 수 있습니다. 여행 갈 나라를 클릭해보면, 그 나라와 관련 있는 ETF들이 나옵니다.

캐나다를 포함한 1~5위 ETF 속 산업군과 보유 종목을 확인해보면 주로 은행과 자산관리사를 포함한 금융권과 금 등의 천연자원에 관련된 기업 또는 운송을 담당하는 철도회사들이 주로 포함되어 있음을 알 수 있습니다. 어떠신가요? 캐나다가 포함되어 있는 ETF를 찾아봤을 뿐인데, 벌써 캐나다에 대해 많은 내용들을 알게 되지 않았나요? 이제는 자녀분들과 함께 여행 갈 나라의 ETF를 먼저 검색해보신 뒤, 그 속에 포함되어 있는 산업군과 기업들을 자세히 확인해보면서 매달 매수해보시기를 바랍니다. 자녀가 해당 나라에 대해 가지는 궁금증은 꼬리에 꼬리를 물게 될 것이고, 그 공부는 곧 즐거움이 되며 설렘이 됩니다.

캐나다 관련 ETF 찾는 방법　　　　　　　　출처 : ETF.com

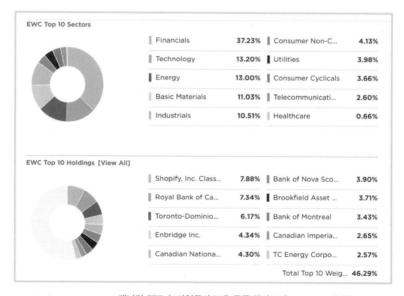

BBCA Top 10 Sectors

Financials	37.59%	Consumer Non-C...	4.01%
Technology	12.90%	Consumer Cyclicals	3.67%
Energy	12.80%	Utilities	3.48%
Industrials	12.12%	Telecommunicati...	3.17%
Basic Materials	9.58%	Healthcare	0.67%

BBCA Top 10 Holdings [View All]

Shopify, Inc. Class...	8.00%	Bank of Nova Sco...	3.91%
Royal Bank of Ca...	7.53%	Canadian Nationa...	3.73%
Toronto-Dominio...	6.34%	Bank of Montreal	3.44%
Enbridge Inc.	4.34%	Canadian Imperia...	2.67%
Brookfield Asset ...	4.27%	TC Energy Corpo...	2.59%
		Total Top 10 Weig...	46.81%

EWC Top 10 Sectors

Financials	37.23%	Consumer Non-C...	4.13%
Technology	13.20%	Utilities	3.98%
Energy	13.00%	Consumer Cyclicals	3.66%
Basic Materials	11.03%	Telecommunicati...	2.60%
Industrials	10.51%	Healthcare	0.66%

EWC Top 10 Holdings [View All]

Shopify, Inc. Class...	7.88%	Bank of Nova Sco...	3.90%
Royal Bank of Ca...	7.34%	Brookfield Asset ...	3.71%
Toronto-Dominio...	6.17%	Bank of Montreal	3.43%
Enbridge Inc.	4.34%	Canadian Imperia...	2.65%
Canadian Nationa...	4.30%	TC Energy Corpo...	2.57%
		Total Top 10 Weig...	46.29%

캐나다 ETF 속 산업군과 보유 종목 알아보기　　　출처 : ETF.com

자녀와의 대화
에피소드 5

"엄마, BTS가 상장된대요. 상장이 뭐예요?"

※ 2020년 이야기이지만, 상장에 대한 이해를 돕기 위해 실었습니다.

초등학교 5학년인 연수는 BTS를 좋아합니다. 그중에서도 정국이를 제일 좋아합니다. 방에 BTS 사진이 가득합니다. 그래서 연수한테 빅히트 주식을 사주고 싶었지만 비상장에 대해 잘 알지도 못하고, 공모주 청약에 대한 확신이 없어 대신 동종업계이면서 이미 상장되어 있던 JYP의 주식을 사줬습니다. 그리고 JYP 주식은 빅히트가 상장되던 날 매도했습니다. 그렇게 JYP 주식으로 65%의 수익률을 냈습니다. 그러다 빅히트 주식이 상장된 것을 잊어버리고 있었는데, 어제는 연수가 빅히트가 현대자동차만큼 커져서 국내 6위 기업이 되었다는 이야기를 합니다. 어디서 봤냐고 물어보니, 뉴스에서 빅히트 주식 이야기 나오는데 그렇게 들었다고 합니다. BTS의 팬인 연수의 귀에는 주식에 대한 기사도 들렸나 봅니다. 아는 것만큼 보인다고 했나요? 순간 뿌듯했습니다. 하지만 바로 이어지는 연수의 질문에 당황했습니다.

"엄마, 상장하는 것이 뭐예요?"

어떻게 설명해야 될까요? 한참을 고민하다가 이렇게 대답했습니다.

"연수야, 네가 이마트 사장이라고 생각해봐. 이마트에 많은 물건들을 팔고 있는데, 사장이라면 어떤 물건을 팔고 싶겠어?"

"사람들이 좋아하고 많이 사는 물건들을 팔아야겠죠."

"맞아. 사람들이 많이 찾는 좋은 물건들을 마트에 가져다 둬야겠지? 그런데 만약 새로운 과자를 마트에 들여와야 해. 그래서 많은 과자회사 중에서 딱 1개의 회사만 선택해야 된다면 어떻게 좋은 회사를 가려낼 수 있을까?"

"시식코너를 만들어서 맛을 봐야 해. 그 시식코너를 통해 사람들이 가장 맛있다고 하는 과자 1개만 이마트에서 팔 수 있는 거야. 그래서 과자가 맛있어서 계속 잘 팔리면 과자회사는 계속 돈을 많이 벌게 되고, 회사 주식은 오르겠지."

연수의 말을 종합하면, 주식 시장에서의 IPO(기업공개)는 이마트의 시식코너와 같은 것입니다. 좀 억지스럽지만 초등학생 아이의 시각에서 주식 시장으로 상장한다는 것은 좋은 물건을 파는 최고의 기업들이 시식코너를 통해 품질과 맛을 인정받고, 이마트같이 큰 시장에 입점하는 것을 이야기합니다.

<잠깐! 금융쇼핑 Tip!>
IPO란?

흔히 기업공개라고도 불리는 IPO(Initial Public Offering)는 주식의 공개 상장 또는 기업의 외부 투자자들에 대한 첫 주식 공매를 말합니다. 쉽게 말해 기업의 주식을 증권 시장에 공식적으로 등록하는 것입니다. 최근 벤처기업의 주식 공개가 늘어나며 IPO가 투자 회수 측면에서만 인식되는 경향이 있는데, 기업의 입장에서는 주식 시장에서 기업의 사업성과 실적을 평가받아 지속적인 성장을 위한 대규모 자금 조달이 가능해지고, 기업의 정보가 공시되므로 홍보 효과 등의 장점을 얻을 수 있습니다. 특히 벤처기업의 경우에는 창업 후 수년 안에 코스닥 상장이 가능한데, 이는 벤처기업의 속성상 초기에 사업모델을 설계하고, 주식 시장에서 검증을 받은 뒤 자금을 조달받아 본격적으로 사업을 벌인다는 의미도 갖고 있습니다.

참고 : 매일경제, 시사상식사전, 한경경제용어사전

BTS가 상장된 뒤 따상에 실패하고 바로 15% 이상 급락했습니다. 그러자 주식을 환불해달라는 내용의 기사들이 나오기 시작했습니다. 주식을 환불해달라고 이야기하는 사람이 진짜 있었던 걸까요? 진짜 환불이라고 표현한 사람이 있는지 모르겠지만, 빅히트 공모주에 대해 정확히 알아보지 않고 분위기에 휩쓸려서 매수한 것은 아닌지 안타깝습니다.

빅히트의 공모가격은 135,000원으로 책정되었습니다. 상장하자마자 따상되었다는 기사도 많이 보셨을 것입니다. '따상'이란 시초가가 공모가의 2배로 시작해서(따블) 상한가(30%까지만)까지 올라간다는 뜻입니다. 계산을 해보면 다음과 같습니다.

135,000×2=270,000(따블)

270,000×130%(상한가)=351,000원

이렇게 되는 것입니다. 하지만 2020년 10월 15일 상장하자마자 시가(시작할 때 주가)가 270,000원에서 바로 상한가(고가) 351,000원까지 올라갔다가 15일 종가(마감할 때 주가)는 258,000원이 되었고, 그다음 날인 16일 종가는 200,500원이었습니다. 만약, 15일 상한가인 351,000원쯤에 매수했다면, 16일 종가 때 약 42% 정도 하락한 것입니다. 그 이유는 애초에 공모가가 너무 높게 책정되었다는 의견이 다수입니다.

최근 공모주에 대한 관심이 뜨겁습니다. 하지만 무작정 뛰어들기보다는 그만큼의 가치가 있는 것인지 꼭 확인하시기 바랍니다. 그렇지 않다면 기사에 있는 것처럼 주식 매수 버튼을 잘못 눌러서 매수가 된 거니까 환불해달라고 하실 수도 있습니다.

2021년 10월 기준, BTS 소속사의 주식회사 이름은 빅히트에서 하이브로 그 명칭이 변경되었으며, 작년에 매수해 보유 중인 연수의 하이브 주식은 72%의 수익률을 내고 있습니다.

6

내 자녀에게 무엇을 물려줄 것인가?
- 자본가로 키우기 편

물가상승률
정확하게 이해하기

　주말 아침에 연진이와 단둘이 외출할 일이 있어 차에서 약 1시간 반 정도 대화를 했습니다. 시험이 막 끝난 상태였는데 결과가 좋지 않아 스트레스를 풀기 위해 친구와 함께 먹방을 했다고 합니다. 한 끼에 20,000원을 썼으니 연진이 소비 용돈의 1/3이 한 끼 식비로 날아간 셈이죠. 모자란 용돈을 벌기 위해서 요즘 집에서 홈 아르바이트를 열심히 하고 있습니다. 기운이 빠져 있는 연진이를 보니 마음이 안쓰러워서 연진이 계좌에서 난 수익률을 보여줬습니다. 감사하게도 50% 이상의 수익들이 나 있는 것을 보더니 연진이는 금방 기분이 좋아졌습니다. 그러고는 이렇게 물어봅니다.

　"엄마, 지금 은행 적금 이자는 얼마야?"

　"시중 은행의 적금 이자가 약 1%대야."

"그럼 1년 동안에 1%를 준다는 건가? 그럼 내 주식들의 수익률은 1년도 안 되었는데 평균 30% 이상 나왔으니, 은행에 비하면 엄청난 거네!"

하지만 연진이는 아직 은행 적금 이자와 투자 수익률이 내 삶에 어떤 영향을 미치는지 잘 모르기 때문에 예를 들어서 설명해줬습니다. 이자율이나 수익률의 숫자가 가리키는 의미가 우리의 삶과 어떤 영향이 있는지 알려주고 싶었습니다. 그래서 다음 두 가지 질문을 던졌습니다. 첫째, 은행에 돈을 저축할 때(예적금을 할 때) 높은 금리가 붙으면 좋은 걸까? 둘째, 투자의 수익이 나면 왜 좋은 걸까?

너무 바보스러운 질문인가요? 우리가 돈을 모은다, 저축한다는 의미는 훗날에 의식주를 해결하든, 사고 싶은 물건을 사든, 여행을 가든⋯ 미래에 무엇인가를 구매하기 위함입니다. 예를 하나 들어보겠습니다. 제가 중학교 1학년 때(1987년) 아버지 근무처 옆에 '왕자관'이라고 하는 중국집이 있었습니다. 그 집 짜장면이 정말 맛있었습니다. 수업이 일찍 끝나는 토요일에는 거의 그곳에 가서 짜장면을 사 먹었습니다. 한 그릇에 500원이었습니다. 거북선이 그려져 있던 500원 지폐로 계산했기에 기억이 납니다. 약 33년이 지난 지금은 짜장면 한 그릇 값이 약 14배 오른 7,000원 정도 합니다. 이를 예금의 금리로 역산해보면 약 8.5%의 이자율이 나와야만 합니다. 무슨 의미일까요? 1987년의 500원으로 2021년에 7,000원짜리 짜장면을 사 먹으려면 은행 금리 8.5%짜리 예금으로 돈을 불렸어야 한다는 뜻입니다. 즉, 33년 전 500원을 8.5% 이자로 운용하지 못했다면 현재 짜장면을 사 먹지 못하는, 강제 다이어트를 해야만 한다는 뜻입니다.

내 의지와 상관없이 물가는 꾸준히 오릅니다. 그렇다면 내 돈의 가치도 같이 꾸준히 올라야 합니다. 물가가 올라가는 것보다 더 높은 금리로 불어나야 합니다. 우리는 미래의 어느 날 내가 원하는 것을 구매하기 위해 열심히 저축합니다. 하지만 앞서 본 것처럼 저축한 돈으로 미래의 물건을 살 수 없게 된다면 우리는 지금 저축을 하는 것이 아니라 미래에 강제 다이어트를 하기 위한 일을 하고 있는 것입니다. 차라리 저축하지 않고 지금 쓰는 게 더 효율적인 일입니다.

72법칙 – 내 돈이 2배 불어나는 데 걸리는 시간

1. $72 / 15\% = 4.8$년(약 5년)
2. $72 / 1.5\% = 50$년
3. $72 / 0.15 = 500$년
4. $72 / 3\% = 24$년(물가 상승률)

72법칙

제1장에서 72법칙에 대해 설명했습니다. 복습해볼까요? 72법칙은 간편하게 복리를 계산할 수 있는 방법입니다. 72를 분자로, 내가 받는 금리 또는 수익률을 분모로 넣고 계산해 나온 숫자는 '내 돈이 2배로 불어나는 데 걸리는 시간'을 나타냅니다. 앞의 자료

를 순서대로 해석해볼까요?

1. 1999년 은행 금리가 연 15%일 때, 내 돈이 1억 원 있다고 하면 2억 원이 되는 데 걸리는 시간은 약 5년입니다.

2. 2021년 은행 금리가 연 1.5%일 때, 내 돈이 1억 원 있다고 하면 2억 원이 되는 데 걸리는 시간은 약 50년입니다.

3. 앞으로 우리나라의 기준금리는 15%로 인상될 확률보다는 선진국처럼 0.15%로 인하될 확률이 더 높으므로, 금리 0.15%로 계산해보면, 내 돈 1억 원이 2억 원이 되는 데 걸리는 시간은 조선왕조 500년과 같은 500년입니다.

4. 물가는 연 평균 3% 인상되므로, 물가는 24년마다 2배가 됩니다.

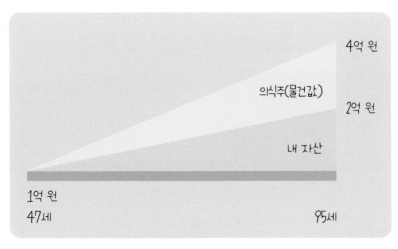

내 돈 금리 1.5% VS 물가 금리 3%

물고기의 이동 방향을
알려주자

　자녀 경제교육 강의를 하기 전에 늘 설문지 작성에 대한 요청을 먼저 합니다. 강의를 들으시는 분들은 어떤 궁금증이 있고, 강의를 통해서 어떤 것을 얻고 싶은지 질문하고, 거기에 맞는 강의를 준비합니다. 그 질문들 중에 '자녀에게 무엇을 물려주고 싶으신가요?'가 있습니다. 물려주고 싶은 자산에 대한 이 질문에는 객관식 보기가 총 4가지 있습니다. ① 금융자산을 물려주고 싶다, ② 부동산 자산을 물려주고 싶다, ③ 자산보다는 금융 지식과 투자 능력을 키워주고 싶다, ④ 아직은 계획에 없으나 앞으로 생각해보겠다 등의 기타 의견을 묻습니다. 이 설문지뿐만 아니라 다른 강의에서도 50% 이상의 분들이 ③번인 금융 지식과 투자 능력을 키워주고 싶다를 선택하십니다. 이 책을 읽고 계신 여러분은 이 질문에 어떤 답을 하고 계시나요?

이 질문과 일맥상통하는 질문이 또 있습니다. 바로 '내 자녀에게 물고기를 잡아주겠습니까? 아니면 잡는 방법을 알려주겠습니까?'입니다. 대부분의 부모님들은 후자를 선택하십니다. 저 역시 똑같습니다. 그러나 문득, 내 생각만이 아닌 아이들의 생각도 물어봐야 되겠다 싶어 몇 달 전에 연수한테 직접 물어봤습니다. "연수야, 엄마가 물고기를 잡아서 네 입에 다 넣어줬으면 좋겠어? 아니면 물고기를 어떻게 잡는지 방법을 알려줬으면 좋겠어?" 한참을 생각하던 연수는 "물고기 잡는 방법을 알려줬으면 좋겠어"라고 대답합니다. 그래서 그 이유를 물어보니, "그래야 나 스스로 혼자 할 수 있지"라고 합니다. 우리 연수가 기특하고 대견스러운 순간입니다. 이번에는 연수가 이런 질문을 왜 했냐며 제게 물어봅니다. 그래서 "엄마가 언제까지 네 곁에서 모든 것을 보살펴줄 수는 없으니까"라고 대답하니 갑자기 아이가 숙연해집니다.

자본주의 사회를 살아가는 우리 부모와 자녀들은 행복한 삶을 유지하기 위한 돈이 반드시 필요합니다. 자녀에게 물려줄 돈이 충분하지 않다면 반드시 돈에 대한 공부를 시켜줘야 합니다. 우리 부모 세대는 학교에서도 사회에서도 돈에 대해 배워본 적이 없습니다. 오죽하면 금융 수준이 아프리카 수단보다도 낮을까요? 돈의 속성과 특징에 대해 제대로 교육받지 못했기에 많은 시행착오를 겪으면서 아픈 실패를 하고 있는지도 모릅니다. 아직도 많은 사람들이 주식을 투자가 아닌 투기로 생각하며, 방법 또한 그렇게 하고 있습니다.

2020년은 그야말로 주식 열풍으로 한국 사회가 들썩였습니다. 혹시 '포모(FOMO, Fear Of Missing Out) 증후군'이라고 들어보셨습니까? '나만 소외된 것 같아 느끼는 두려움'이라는 신조어입니다. 즉, 다른 사람들 모두 주식을 하고 있는데 나만 하고 있지 않아서 느끼는 소외감이 두려움으로 다가와 주식을 시작한 사람들이 많습니다. 사전 지식이나 공부 없이 주변에 휩쓸려서 시작한 사람들이 많다는 것입니다. '벼락거지'라는 말을 들어보셨나요? 벼락부자는 갑자기 부자가 된 사람을 말합니다. 그럼 벼락거지는 무엇일까요? 나는 열심히 일했지만, 그것보다 주택이나 주식으로 갑자기 부자가 된 사람들이 많아서 상대적으로 내가 벼락거지가 된 것을 뜻합니다. 참 씁쓸한 현실입니다. 실제로 이번 주식 열풍으로 돈을 많이 번 사람들이 주변에 꽤 있습니다. 하지만 그들이 실력이 좋아서 수익을 내었다기보다는 그냥 주식 시장이 세계적으로 너무 좋았기 때문에 즉, 운이 좋았기 때문에 많은 돈을 벌 수 있었던 것이라는 우려 섞인 이야기들이 많이 나옵니다.

만약 우리 부모들이 주식 투자를 자녀와 함께한다면 어떻게 하게 될까요? 공부하지 않고, 무작정 시작할까요? 주변에서 이 주식이 좋다고 하니까 무작정 매수할까요? 만약 자녀가 "엄마 이 주식을 왜 매수해요?"라고 물어보면 어떻게 답하실 건가요? 또한 미리 세운 예산 안에서 하는 것이 아니라 대출까지 받아서 하나의 주식에 몰빵하실 건가요?

　자녀와 함께 주식 투자 등 금융쇼핑을 하시라는 여러 이유 중에서 투자와 투기를 구별하기 위함도 있습니다. 자녀와 함께한다면 투기는 절대 못하시겠죠? 아마 올바른 방향으로 투자를 할 것입니다. 왜냐하면 자녀들이 보고 그대로 배우게 될 테니까요. 다시 한번 묻겠습니다. "여러분은 내 자녀에게 무엇을 물려주고 싶으신가요?"

　우리는 아이들에게 물고기 잡는 방법을 알려줘야 합니다. 올바른 방법으로 알려줘야 합니다. 그리고 물고기의 이동 방향까지도 볼 수 있는 안목을 키워줘야 합니다. 무슨 이야기일까요?

　현대사회는 정말 빠른 속도로 변화해가고 있습니다. 앞 장에서 언급했던 메타버스 기억나시나요? 저는 솔직히 메타버스라는 영화 속에서만 보던 가상세계가 곧 현실과 만난다고 생각하니 새로운 세상에 대한 기대감보다는 두려움이 좀 더 커집니다. 앞으로 내가 살아가야 할 50년 인생 속에서 얼마나 많은 변화들이 생기게 될까요? 그럼 우리 아이들의 미래는 어떻게 될까요?

　물고기의 이동 방향을 볼 수 있어야 한다는 것은 이렇게 빨리 변화해가는 세상의 흐름을 읽어야 한다는 뜻입니다. 산업과 경제의 흐름과 속도를 놓치지 않고 따라가야만 돈이 있는 곳을 알 수 있습니다. 그리고 주식 투자가 그것들을 알기에 제일 좋은 방법입니다. 이것이 우리가 지금부터라도 자녀들에게 주식 투자를 시켜야만 하는 또 다른 이유이기도 합니다. 우리 자녀가 꾸준히 성장하듯이, 꾸준히 성장할 수 있는 기업을 찾아 자녀와 함께 투자하시면 됩니다.

근래 세상은 2007년 애플에서 아이폰이라는 스마트폰을 발명하면서 산업의 큰 변혁이 일어났고, 지금은 코로나19라는 전 세계 팬데믹을 통해 또 한 번 큰 변화를 맞이하고 있습니다. 스마트폰이 발명된 지는 불과 13년밖에 되지 않았습니다. 하지만 그 전과 후의 삶의 차이는 엄청납니다. 지금 스마트폰 없이 며칠을 생활하실 수 있으신가요?

산업도 스마트폰이 등장하기 이전에는 주로 제품을 생산하는 제조업들이 전체 산업을 이끌어나갔습니다. 지금은 모두 스마트폰을 매체로 한 테크놀로지 기업들이 전체 산업을 이끌고 있습니다. 1990년대에는 SONY, NEC, 도시바, 히타치, 모토로라, 후지필름 등 일본의 기업들이 세계 10대 기업의 70%를 차지했습니다. 그러나 현재 젊은 층은 이 기업에 대해 잘 알지 못합니다. 시대의 변화에 올라타지 못하면 도태될 수 있음을 알 수 있습니다. 그렇다면 포스트코로나 시대에는 어떤 산업, 어떤 기업이 성장해나갈까요? 이런 질문들을 자녀와 함께 생각해보면서 투자에 임하셨으면 합니다.

우리 아이는 어떤 인생을
디자인하게 될까?
- 파이어족 VS 욜로족

인생을 대하는 태도를 표현하는 신조어 중 파이어(FIRE)족과 욜로(YOLO)족이 있습니다. 두 신조어 모두 영어의 첫 글자만 모아서 쓴 표현입니다. 첫 번째 파이어족은 'Financial Independence Retirement Early'의 약자로 경제적 독립을 통해 은퇴 시기를 앞당기기 위해서 젊은 나이에 소비를 줄이고, 소득의 약 80% 정도를 저축해서 30~40대에 은퇴하려는 사람들을 말합니다. 두 번째 욜로족은 'You Only Live Once'의 약자를 따서 만든 말 뜻 그대로 인생은 오직 한 번뿐이니 즐기며 살자는 사람들을 말합니다. 인생을 대하는 태도가 정반대라고 생각되는 두 신조어는 현재 젊은 층 사이에서 인기가 있습니다.

〈잠깐! 금융쇼핑 Tip!〉
파이어족 VS 욜로족
....

파이어족(FIRE, Financial Independence Retirement Early)

1992년 등장한 말로, 미국의 고학력 고소득자인 전문직 사이에서 유행하기 시작했고, 이들은 연봉의 70% 이상을 은퇴자금으로 모으고 있다고 합니다. 2008년 금융위기를 겪으면서 장기화된 위기로 인해 부모님들이 경제적인 어려움을 겪는 것을 본 세대들이고, 어린 시절 부유하게 자랐으나 점점 그 삶이 힘들 수 있다는 불안감이 큽니다. 그리고 부모님들을 보니 더 이상 평생직장이란 없다는 것을 알게 된 것입니다. 그래서 빨리 노후자금을 모아서 은퇴를 앞당기자는 주의입니다. 허름한 월세 집에서 살면서 유통기간이 임박한 음식을 싸게 사 먹으면서 현 소득의 80% 이상을 저축하는 완전 자린고비부터 현 생활 수준을 어느 정도 유지하면서 은퇴를 준비하는 이들까지 그 정도에는 차이가 있지만, 부모 세대를 보면서 어느 정도 현재의 삶을 포기한 채 빠른 경제적 독립을 꿈꾼다는 점은 공통적입니다.

욜로족(YOLO, You Only Live Once)

많은 사람들은 욜로족으로 현재를 충분히 즐기며 살고 싶어 할 것입니다. 어차피 내 인생은 한 번뿐인데 내가 원하는 대로 즐기며 후회 없는 삶을 사는 것이 더 매력적으로 느껴지고, 왠지 고통이 없을 것 같습니다. 특히, 우리나라 밀레니얼 세대일수록 욜로족에 대한 갈망이 더 큽니다. 그래서 이들은 소득의 20% 정도를 여행 경비로 지출하는 등 많은 비중을 차지하고 있습니다. 왜냐하면 밀레니얼 세대들은 현재 힘든 현실과 맞닥뜨려 취직도 힘들고, 어렵게 취직했다고 해도 한 직장이 철 밥통일 것이라는 생각을 하고 있지 않기 때문입니다. 그렇기에 어떻게 될지 모를 불안한 미래에 반발하듯 더욱 현실에 충실하게 사는 것 같습니다.

여러분의 자녀들은 어떤 삶의 스타일을 선택해서 살아갔으면 좋겠습니까? 파이어족인가요, 아니면 욜로족인가요? 저는 연진이 연수가 위 두 방식을 적절히 섞어서 살기를 바랍니다. 너무 현실을 포기한 채 미래만 바라보면서 사는 것도, 미래 없이 현실에만 충실하게 사는 것도 옳지 않다고 생각합니다. 그럼 어떻게 하면 될까요? 정답은 바로 이 공식에 있습니다. 여러분도 이 공식을 꼭 기억하셔야 합니다.

$$FV=PV(1+r)^n$$

이 공식은 복리계산식으로 해석하자면, 미래에 모을 돈 FV=현재 모인 종잣돈 PV 또는 월 저축액 PMT×(1+수익률)×저축기간의 거듭제곱으로 계산됩니다. 더 자세히 설명하면 이렇습니다.

$$FV = PV \times (1+r)^n \qquad FV = PMT \times (1+r)^n$$

FV : Future Value(미래 모을 돈의 양)
PV : Present Value(현재 종잣돈)
PMT : Payment(현재 저축 가능한 월납액)
r : Rate of Return(수익율)
n : Number of Period(저축 기간)

복리계산식

첫 번째, 이 공식에서 저축 기간(n)은 거듭제곱으로 기간이 갈수록 자녀들이 모으는 돈의 합(FV)이 커집니다. 바로 기간에 따른 복리의 효과를 최대로 키우자는 것입니다. 다시 말하면, 우리 아이들에게 좋은 저축습관을 심어주어서 저축의 기간을 최대한 길게 하자는 것입니다.

두 번째, 빨리 이 과정을 시작한 아이들은 취업을 한 뒤 허리띠를 졸라매서 저축하지 않더라도 FV가 이미 커지고 있음을 알 수 있습니다.

세 번째, 하지만 이 공식에서 보는 것처럼 기간만 길다고 FV가 커지는 것은 아닙니다. 다른 조건인 수익률 r이 같이 커야만 돈의 곱이 극대화될 수 있습니다. 이것은 지금처럼 자녀와 함께 투자를 꾸준히 하면서 키우면 됩니다. 최소 수익률이 5% 이상은 되어야만 복리의 효과가 커집니다. 그러므로 자녀와 은행에 가서 적금에 가입하는 것은 복리의 효과를 극대화할 수 있는 기회를 모두 버리고 있는 것입니다. 1%로는 기간(n)이 아무리 길다 해도 FV가 커지지 않습니다.

네 번째, 공식에서 보여주는 현재의 값인 PV는 미리 모은 종잣돈을 이야기합니다. 자녀 앞으로 모아둔 종잣돈이 없다면 Payment인 저축으로 FV를 만들 수 있습니다. 이것은 앞서 소개해드린 자녀 용돈의 투자 부분을 강제적으로 떼어놓고 장기적으로 꾸준히 투자하시면 효과가 커집니다.

구분	FV (모을 돈)	ir (수익률)	n (저축기간)	PMT (매달 저축액)	원금 (저축한 내돈)
금쇼맘 (47세)	500,000,000	7.5%	13년	1,890,039	294,846,140
연진이 (18세)	500,000,000	7.5%	42년	140,471	70,797,341

〈잠깐! 금융쇼핑 Tip!〉
복리의 마법을 보여드립니다

47세의 금쇼맘과 18세의 연진이가 각각 60세까지 5억 원을 모으기로 했습니다. 투자 수익률이 연평균 7.5%로 동일하다고 가정해보겠습니다. 연평균 수익률 7.5%는 S&P 500 Index의 2001~2020년, 20년간의 연평균 수익률을 적용한 값입니다. 여기에서 다른 조건은 단 하나, 저축 기간입니다. 금쇼맘은 저축 기간이 13년, 연진이는 저축 기간이 42년입니다. 그럼 금쇼맘과 연진이는 매달 얼마씩 저축(투자)을 해야 될까요? 이를 돈의 공식에 넣어서 계산해보면, 금쇼맘은 월 189만 원씩, 연진이는 월 14만 원씩 투자하면 됩니다. 월 189만 원씩VS월 14만 원씩, 차이가 너무 크지 않나요? 이것이 시간의 힘입니다. 또한 투자 원금의 경우 금쇼맘은 약 3억 원, 연진이는 7천만 원입니다. 3억 원을 투자해서 5억 원을 모으고, 7천만 원을 투자해서 5억 원을 모으게 되는 겁니다. 금쇼맘과 연진이 중 누가 60세에 5억 원을 모을 확률이 높을까요?

유대인의 바트 미츠바를
따라 하게 된 연진이에게
어떤 미래가 펼쳐질까?

요즘 초등학생들 장래희망 중에 건물주가 있다는 이야기를 들은 적이 있습니다. 그 이유로는 '돈도 잘 벌 수 있고, 나중에 살기도 편해서'라는 대답도 있다고 합니다. 그게 초등학생 스스로가 생각한 장래희망일까요? 부모님이 못다 이룬 꿈을 자녀에게 주입시키고 있는 것은 아닐까요? 초등학생 장래희망 1위인 운동선수가 되고 싶다는 대답이 많은 이유도 '경제적으로 풍족하기 때문'이라고 합니다.

고등학생 장래희망에는 공무원과 선생님이 늘 상위에 들어가 있습니다. 이유는 오래 일할 수 있고, 안정적인 직업이기 때문이라고 합니다. 모든 아이들이 그런 것은 아닐 것입니다. 하지만 나이가 어린 학생들이 벌써 현실과 타협해서 '안정적인 직업'을 꿈꾸는 것은 아닌가라는 생각에 이 현실이 안타깝습니다. 실제로 대학생 중 뚜렷한 꿈이 없는 학생의 많은 수가 공무원 시험 준비를 합니다. 그렇게 2~3년 열심히 시험 준비를 해서 드디어 공무원이 되면 꿈을 이룬 것이니 행복해야 되는데, 현실은 그렇지 못한 것 같습니다.

"꿈이 밥 먹여주니? 뭐니 뭐니 해도 안정적인 직장인이 최고지"라는 이야기를 저 역시 많이 들었습니다. 30년 전이나 지금이나 우리 부모님들의 걱정은 똑같네요. 그럼 우리 부모들은 자녀에게 현실과 꿈 사이에서 어떤 미래를 꿈꿀 수 있게 해줘야 하는 걸까요? 현실도 꿈도 모두 중요하다고 생각하는데, 여러분의 생각은 어떠신가요?

저는 우리 연진이, 연수가 현실 때문에 자신들의 꿈을 포기하지 않았으면 좋겠습니다. 일을 하더라도 희망을 가지고 그 일을 즐겁게 했으면 좋겠습니다. 그래서 부모인 내가 도움을 줄 수 있는 것이 무엇이 있을지 생각해봤습니다. 현실과 타협점인 돈이 해결된다면 꿈을 이루기 위해 열심히 살 것입니다. 그렇다고 절대 부모가 대신 돈을 마련해주면 안 됩니다. 자녀 스스로 마련할 수 있는 방법을 제시해주고, 실천할 수 있도록 옆에서 가이드 역할을 해줄 뿐입니다.

이 방법을 실천하기 위해서는 롤모델이 필요했습니다. 그래서 전 세계 인구의 0.2%밖에 되지 않지만 전 세계 부의 약 30%를 차지하고 있는 유대인들의 자녀 경제교육에 대한 책을 읽으면서 그대로 따라 하기 시작했습니다. 유대인들은 자녀가 12세(아들은 13세)가 되면 바르 미츠바(Bar Mitzvah) 또는 바트 미츠바(Bat Mitzvah)라는 성년의례를 해줍니다. 많은 친척과 지인들이 성인식에 참석해서 소녀, 소년을 축하해줍니다. 그리고 성인식을 하는 날 소녀, 소년은 부모와 하객들로부터 세 가지 선물을 받습니다. 신 앞에 부끄럽지 않은 책임감 있는 인간으로 살겠다는 의미의 성경 책, 약속을 잘 지키고 시간을 소중히 아끼며 살라는 의미의 시계, 그리고 축의금을 받습니다. 유대인들의 자녀 경제교육은 이 부분이 하이라이트입니다. 그 축의금을 자녀가 부모 품을 떠나 독립하게 되는 18세까지 절대 인출하지 않고, 자녀의 계좌에 넣어 부모와 함께 운용한다고 합니다. 축의금은 약 5~6,000만 원 정도 되며, 부모와 자녀가 함께 투자해서 시간이 지나 그 축의금이 약 1억 원 정도로 불어나게 되는데, 그 종잣돈이 훗날 자녀의 경제적 독립의 디딤돌이 되는 것입니다. 고등학교 졸업과 동시에 무조건 대학에 가는 우리나라와는 달리 유대인들은 그 종잣돈을 가지고 본인이 하고 싶었던 꿈을 찾아 창업을 하게 됩니다. 그렇게 창업해서 잘되면 좋지만, 혹 실패한다 해도 어떻습니까? 여전히 20대 초중반일 텐데요. 아직 종잣돈도 있으니 다시 창업하면 됩니다. 그렇게 여러 번 성공과 실패를 거듭한다 하더라도 아직 30대 초반일 것입니다. 그렇게 해서 만들어진 기업이 스티브 잡스(Steve Jobs)가 창업한 전 세계 시가 총액 1위의 애플입니다. 그 밖에도 메타플랫폼스(구 페이스북), 구글, 마이크로소프트 등이 있습니다. 모두 전 세계 산업을 이끌어가는 세계 Top 기업들입니다.

이 책을 읽는 여러분들이 과거로 돌아가서 유대인과 같은 성년 의례식이 있었고, 그 돈을 잘 운영해서 대학에 갈 스무 살이 되었을 때, 자신의 계좌에 1억 원이 있다고 생각해보세요. 어떠세요? 생각만으로도 짜릿하지 않으신가요? 만약 스무 살에 1억 원을 갖고 있었다면 여러분의 삶이 지금과 같았을까요? 아니면 달랐을까요? 그렇습니다. 나는 몰라서 못했지만, 너무나 가슴 벅찬 이 플랜을 우리 딸들에게는 만들어주고 싶었습니다. 우리나라에는 바트 미츠바라는 성년의례식도 없고, 설령 우리 아이가 이미 12세가 넘었으면 어떻습니까. 부모가 우리 스타일대로 만들어주면 되는 것이지요.

역시나 바트 미츠바에 대해 알게 된 연진이는 무척 좋아했고, 자신도 그런 플랜을 만들고 싶다고 했습니다. 하지만 연진이에게는 축의금 5,000만 원이 없기에 매달 적립해서 모아가기로 했습니다. 매달 용돈과 여유자금을 적립해서 투자를 합니다. 하지만 그 저축액이 크지는 않습니다. 연진이는 욕심을 내더니 제게 아이디어 하나를 제시합니다. 현재 다니는 학원 한 군데를 안 다니는 대신 그 학원비로 자신의 종잣돈을 만들고 싶다는 것이었습니다. 공부는 학원 대신 인터넷 강의를 듣겠다며 좋은 강의도 벌써 선택해 둔 상태였습니다. 저도 생각하지 못한 아주 좋은 플랜이었습니다. 혹시 성적이 떨어지는 것은 아닐까 불안한 마음도 있었지만, 스스로 약속한 부분이기에 믿고 그렇게 시작했습니다. 여전히 연진이는 스스로 공부 계획을 짜고 인터넷 강의를 들으면서 아주 잘하고 있습니다. 참 대견하지요?

연진이와 저의 구체적인 플랜은 이렇습니다. 지금부터 앞으로 20년 동안 무조건 월 50만 원씩 투자를 통해 종잣돈을 모읍니다. 매달 투자액이 50만 원인 것은 지금 그만둔 학원의 수강료입니다. 어차피 부모인 내가 대학에 가기 전 고등학교 학원비는 내줄 예정이었으니 대학 입학 전까지는 계속 내가 내고, 대학 입학 후부터는 연진이가 아르바이트를 통해, 그리고 취업을 통해 꼬박 20년간 매달 투자하기로 했습니다. 고등학생 때부터 이렇게 투자 습관이 잡힌 아이는 20년간 꾸준히 저축을 할 수 있습니다. 부모인 제가 그 시스템을 만들어주면 충분히 가능합니다.

그 첫 번째 시스템은 돈을 모아야 하는 목적을 정해두고 어릴 때부터 시작하는 저축(투자) 습관입니다. 그리고 두 번째 시스템은 자녀 이름의 증권사 계좌를 만드는 것입니다. 그리고 자녀가 성인이 될 때까지 부모와 함께 투자하면서 자산을 증식하는 것입니다. 자녀와 함께 투자하는 방법에 대해서는 이 책에서 여러 가지를 제시해드렸습니다. 세 번째 시스템은 자녀 또는 제가 그 돈을 20년간 찾을 수 없도록 만들어두는 시스템입니다. 여러분은 돈에 발이 달렸다는 말을 들어보신 적이 있을 것입니다. 아니, 직접 경험해보신 적이 있을 것입니다. 진짜로 돈에 발이 달려 있나요? 적금이 만기되면 이상하게도 차가 고장 나거나, 냉장고 등 생활필수품이 고장 나서 새것으로 바꿔야 했던 경험이 없으신가요? 그래서 많은 분들이 이렇게 말씀하시죠. "저축을 하는데도 쓰려고 보면 돈이 없어요"라고요. 이 모든 것이 두 번째와 세 번째 시스템을 만들어두지 않아서입니다.

마지막으로 네 번째 시스템은 20년간 투자한 돈을 목돈이 아닌 소득으로 받는 것입니다. 목돈은 흩어지기 쉽습니다. 혹은 내 목적과 상관없는 곳에 쓰일 확률이 높습니다. 그래서 예전에 퇴직한 우리 부모님들이 은행 이자 15%짜리 예금에 돈을 넣어두고 매달 또박또박 이자소득 받으며 생활하셨던 것처럼, 연진이 통장에 평생토록 잔고가 마르지 않고 매달 매달 따박따박 월급같이 소득이 들어올 수 있도록 시스템을 만들어뒀습니다.

이 플랜을 종합해보면, 17세인 연진이는 앞으로 20년간 36세가 될 때까지 매달 50만 원씩 저축(투자)합니다. 20년간의 투자 원금은 1억 2,000만 원이 됩니다. 그 원금에 수익이 붙고, 복리로 굴러서 연진이 36세에 약 2억 원의 자산이 되어 있습니다. 그러면 그 2억 원의 자산을 목돈으로 받는 것이 아니라 매달 100만 원 정도의 배당소득으로 받게 됩니다. 즉, 37세부터 100세까지 연진이는 매달 배당소득 100만 원을 받게 됩니다. 그럼 2억 원의 자산은 없어졌을까요? 아뇨. 약간의 차이는 있을 수 있지만 100세에 약 20억 원 정도 남아 있습니다. 이렇게 설명해볼까요? 37세의 연진이는 2억 원의 오피스텔을 사게 되고, 100세가 될 때까지 64년간 매달 임대소득으로 월 100만 원을 받게 됩니다. 그리고 오피스텔 가격은 계속 올라서 20억 원이 되어 있습니다. 이 정도면 연진이는 건물주라는 다른 아이들의 꿈도 이루게 되는 것이 아닌가요? 그것도 스스로의 힘으로요. 어떠세요? 여러분도 연진이의 플랜이 마음에 드시나요?

Portfolio : 중·장기 자금(5년 이상)	실천일(Start Day) : 2020-09-23
재무목표(Financial Objective)	황금알 낳는 거위
도달 나이	37세
저축 기간(Period)	20년
모으고 싶은 금액(Future Value)	2억 원의 자본소득과 매월 100만 원씩 배당소득 (37세부터 100세까지)
자금출처	과학 학원비 대신
월 저축액(Payment)	500,000원
예상 수익률(Rate)	7.0%
추천 금융 및 진행사항 (Recommended Products)	KB증권 주식 계좌(엄마)+배당받는 보험

연진이의 바트 미츠바 플랜

연진이의 바트 미츠바 플랜은 'Income Insurance'라는 금융상품을 통해 준비하고 있습니다. '평생 소득 흐름을 만들어주는 노후 플랜'이라고 이야기하면 좀 이해가 되실 것 같습니다. 미국을 포함한 선진국에서는 이미 많은 사람들이 은퇴자산을 포함해서 자산 형성을 주식 투자를 통해서 하고 있습니다. 미국에서는 401K라는 퇴직연금제도가 1980년대 생겨났고, 그 투자의 포트폴리오 70% 이상의 비중을 주식이 가지고 있습니다. 그러다 2008년도 금융위기를 겪으면서 모아둔 자산이 순식간에, 손쓸 틈도 없이 40% 정도의 손실이 나는 아픈 경험을 하게 되었습니다. 그래서 계획했던 은퇴를 미루거나 다시 현업으로 돌아갈 수밖에 없었다고 합니다. 그 당시 그런 결과가 나온 것에 대해서는 운영을 잘 못해서가 아니라 금융위기를 맞아서 그야말로 '그냥 운이 나빴다'라고 이야기할 수밖에 없었다고 합니다. 다시는 그냥 운이 나빴다고 말하는 쓰라린 경험을 할 수 없기에 차츰 'Income Insurance'에 대한 요구가 많이 생겼고, 실제로 투자의 대가들도 자산의 50% 정도는 'Income Insurance'로 준비하고 있다고 합니다(토니 로빈스(Tony Robbins)의 《MONEY 머니》 참고).

앞서 세 번째 시스템에서 이야기했던 중간에 인출하지 못하는 시스템 또한 보험(Insurance)이기 때문에 가능한 일입니다. 보험은 납입 중간에 해지하면 원금에 못 미치게 되는 큰 단점이 있습니다. 그래서 오히려 끝까지 유지하게 되는 것이 장점이 되기도 합니다. 저는 이 장점을 살려보려고 합니다.

이 책을 보면서 혹시 알아차리셨나요? 맞습니다. 저 금쇼맘은 '따라쟁이'입니다. 유대인들의 바트 미츠바를 따라 했고, 투자 대가들의 은퇴 플랜인 'Income Insurance'를 따라 합니다. 이 모든 것이 가능한 것은 부모가 자녀와 함께 올바른 방향으로 금융쇼핑을 하고 있기 때문입니다. 그리고 꾸준히 금융과 경제에 대한 지식을 쌓으면서, 다양한 금융을 경험하게 된 결과입니다. 부모의 깨어 있는 금융 지식이 자녀의 꿈도, 미래도 밝게 해줄 수 있습니다.

연진이에게
예산 세우기란?

앞서 예산 세우기에 대한 이야기를 했습니다. 지난 5년간 아이들이 해온 것들을 정리해보면, 아이들이 예산을 세운다는 것은 '목표를 세우고, 방향을 잡는 것'과 비슷합니다. 연진이에게 있어 예산 세우기는 공부에서도 그 영향을 미칩니다. 시험기간이 되면 연진이는 다음의 순서대로 공부 계획을 짭니다.

기말고사 평균 점수 90점을 목표로 정하고, 과목별로 시험 범위를 확인하고, 남은 시험 일자를 과목별로 계산해보고, 달력을 보면서 과목별로 공부해야 하는 날짜를 계산합니다. 그러면, 매일매일 공부해야 하는 공부의 양이 나옵니다. 그리고 매일매일 체크리스트를 통해 공부한 것들을 확인합니다. 이때는 수첩에 적고 하이라이트로 색을 달리해서 의미 부여를 해둡니다. 이렇게 계획을 세우고 공부하면 무작정 공부하는 것보다 점수가 더 잘 나오겠죠? 저는 그렇다고 굳게 믿습니다. 혹 결과가 그렇지 않더라도 연진이는 이미 계획하고 실천하는 법을 배워가고 있습니다. 그 사이 시행착오를 겪으면서 이 시스템은 더 구체화되어가고 있습니다.

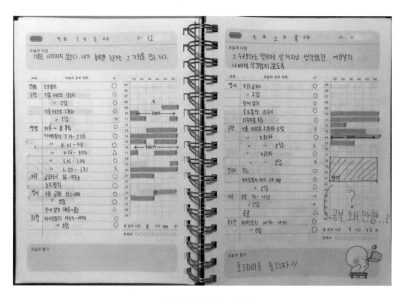

연진이 시험 공부 스케줄

예산 세우기의 영향은 용돈관리에서도 나타납니다. 짧게는 한 달의 생활을 어떻게 해야 되는지 소비 용돈을 관리하면서 계획을 세웁니다. 이번 달 소비 용돈 금액과 학원에 가기 전 외식을 해야 되는 날 수를 확인합니다. 한 달 용돈을 받으면 주 단위로 일정을 확인합니다. 그리고 주 단위의 필요 예산을 계산하고 용돈을 분배합니다. 만약 용돈이 부족하면 엄마와 협상을 해서 추가 용돈을 받거나 홈 아르바이트를 통해서 필요한 용돈을 벌게 됩니다. 그리고 현재 소비는 체크카드를 사용하면서 컨트롤하고 있습니다.

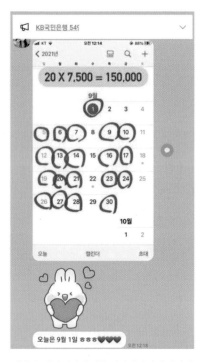

매달 초 외식 일정에 따른 연진이의 식비 계산법

마지막으로 예산 세우기의 영향은 먼 미래를 계획하는 것에서도 나타납니다. 5년 전 금융쇼핑을 시작하기 전까지 연진이는 뚜렷하게 하고 싶은 일이나 꿈이 없었습니다. 꿈이 있어야 그 꿈에 맞는 계획을 짤 수 있는데 걱정이었습니다. 그래서 이번에는 순서를 바꿔서 어떤 목적 없이 금융쇼핑을 먼저 했습니다. 용돈의 일부를 투자하기 시작했고, 여유자금을 원천징수해 투자하기 시작했습니다. 그 금액이 일 년에 100만 원 정도 된다는 통계가 나온 이후 10년 동안 1,700만 원을 모으자는 장기 플랜이 생겼고, 그 돈에 맞게 하고 싶은 일이 생겼습니다. 또한 배당소득을 통해서 20~30년 후에는 파이어족이 될 수 있다는 희망까지 생기게 되었습니다.

자녀에게 꿈이 있든 없든, 하고 싶은 것이 있든 없든, 일단 금융쇼핑을 먼저 시작하세요. 그러다 보면 자녀에게 꿈과 희망이 생기기 시작합니다. 꿈을 만드는 것이 먼저일까요? 금융쇼핑을 통한 실천이 먼저일까요? 뭐든 좋습니다. 자녀와 함께할 수 있다는 것만으로도 이미 여러분은 행복합니다.

Portfolio : 예비 자금	실천일(Start Day) : 2016-10-01
재무목표(Financial Objective)	긴급·예비 자금
도달 나이	
저축 기간(Period)	
준비된 금액(Present Value)	100,000원
모으고 싶은 금액(Future Value)	
자금출처	
월 저축액(Payment)	
예상 수익률(Rate)	
추천 금융 및 진행사항 (Recommended Products)	KB증권, CMA 계좌

Portfolio : 단기 자금(1~5년)	실천일(Start Day) : 2016-10-01
재무목표(Financial Objective)	꿈통장
도달 나이	20세
저축 기간(Period)	6년
준비된 금액(Present Value)	국내 주식, 2,000,000원
	해외 주식, 1,000,000원
모으고 싶은 금액(Future Value)	8,000,000원
자금출처	용돈의 20%
	엄마 지원
월 저축액(Payment)	20,000원
	30,000원
예상 수익률(Rate)	6.0%
추천 금융 및 진행사항 (Recommended Products)	KB증권, 주식 계좌

Portfolio : 중·장기 자금(5년 이상)	실천일(Start Day) : 2016-10-01
재무목표(Financial Objective)	2028년 가을 유럽행 등 아직 정하지 못한 플랜도 있음
도달 나이	22세
	25세
	25세
저축 기간(Period)	10년~13년
준비된 금액(Present Value)	해외 펀드, 2,000,0000원
모으고 싶은 금액(Future Value)	27,000,000원
자금출처	여유자금
월 저축액(Payment)	1,000,000, 1년
예상 수익률(Rate)	10.0%
추천 금융 및 진행사항 (Recommended Products)	KB증권, 펀드 계좌

Portfolio : 중·장기 자금(5년 이상)	실천일(Start Day) : 2020-09-23
재무목표(Financial Objective)	황금알 낳는 거위
도달 나이	37세
저축 기간(Period)	20년
준비된 금액(Present Value)	
모으고 싶은 금액(Future Value)	2억 원 자산+월 100만 원 배당소득
자금출처	과학 학원비 대신
월 저축액(Payment)	500,000원
예상 수익률(Rate)	7.0%
추천 금융 및 진행사항 (Recommended Products)	KB증권 주식 계좌(엄마)&배당받는 보험

　　유대인들은 예산 세우는 것은 미래를 계획하는 것이고, 그 계획에 맞게 내 돈이 어디로 가야 하는지 방향을 설정해주는 것이라고 했습니다. 그래서 따라 해봤습니다. 미래를 단기, 중기, 장기로 나눴고, 그 기간에 따라 돈을 모으기 시작했습니다.

　　어떠신가요? 여러분도 17세 연진이처럼 인생의 재무 포트폴리오를 가지고 계신가요? 어렵지 않습니다. 그냥 저처럼 따라 하시면 됩니다.

자녀와의 대화
에피소드 6

"엄마, 나는 황금알을 낳는 거위 사육사예요"

보도 섀퍼(Bodo Schafer)의 《열두 살에 부자가 된 키라》를 읽어 보셨나요? 전 세계적으로 많이 팔린 자녀경제교육의 교과서와 같은 책입니다. 아직 읽지 못하셨다면 자녀와 함께 읽어보시길 강력 추천드립니다. 특히 부모님께서 먼저 읽어보셔야 합니다.

연진이는 초등학교 4학년때 이 책을 읽었지만 그때는 엄마의 일방적인 강요로 인해 읽었기에 큰 감흥이 없었다고 합니다. 그러다 고등학생 때 다시 읽게 되었는데, 그제야 내용이 쏙쏙 들어오고 이해가 되었다고 합니다.

"엄마, 내가 이 책을 처음 읽었던 11살부터 황금알을 낳는 거위를 키웠어야 해요. 그러면 37세가 아닌 31세부터 황금알을 받게 될 텐데 말이에요. 시간이 아까워요"라고 말합니다. 연진이는 이미 저축 기간의 힘 즉, 복리의 효과를 아는 거지요. 그러니 놓쳐버린 6년의 시간이 아깝다고 이야기를 합니다. 이 책에 황금알을 낳는 거위 이야기가 나옵니다.

"연진아, 여기에서 이야기하는 황금알이 무엇을 뜻하는 걸까?"

"농부가 황금알을 장에 가져가서 팔면 돈을 벌 수 있는 거니까, 현금을 이야기하겠네."

"그렇지, 여기서 황금알은 내 지갑에 넣어주는 또 다른 소득, 현금 흐름을 이야기하는 거지. 그럼 거위는 뭘까?"

"거위는 자산을 이야기하는 거 같아. 내가 투자한 원금."

연진이는 이미 거위가 내가 투자한 금융자산이며, 황금알은 배당소득이라는 걸 알고 있습니다. 즉, 여러분께서도 황금알을 낳는 거위를 키워야겠다고 생각하신다면, 거위는 어떤 자산을 뜻하는 건지, 거기서 얻어지는 황금알은 어떤 소득을 뜻하는지 미리 생각하시고 플랜을 세우셔야 합니다. 저와 연진이의 경우, 배당소득을 받는 금융자산의 거위를 키우고 있습니다. 어떤 분은 임대소득을 받을 수 있는 자산 즉, 건물이라는 거위를 키울 수도 있습니다. 또 음원저작권료를 받을 수 있는 싱어송 라이터도 황금알을 낳는 거위라고 표현할 수 있겠죠?

연진이가 스스로를 '거위를 키우는 사육사'라고 표현한 것은, 아직 황금알을 낳을 수 없는 작은 거위이기에 좀 더 거위의 살을

찌워야 한다는 겁니다. 표현이 참 재미있지요? 현재 연진이의 거위는 매달 50만 원의 사료를 20년간 먹습니다. 그리고 20년이란 시간과 수익률이 곱해져서 2억 원이라는 큰 사이즈의 거위가 됩니다. 그리고 그때부터 매달 100만 원 짜리 황금알을 낳게 되는 거지요. 연진이가 대화 끝에 이런 말을 합니다.

"엄마, 내가 그런 귀한 거위의 배를 가르겠어요? 난 그렇게 멍청하지 않아요. 그동안 키운 보람을 느끼려면 계속 살려둬야 해요. 그래야 내 평생 황금알을 계속 받을 수 있어요."

연진이는 거위를 키우는 사육사가 된 자신을 굉장히 자랑스럽게 생각하고 있습니다.

"연진아, 37세부터 매달 100만 원씩 받으면 뭐 할 거야?"

"엄마, 할 것이 없겠어요? 만약 그 나이에 내가 좋아하는 일을 하고 있다면 더 신나서 할 것 같고, 좋아하는 일이 아닌 다른 일을 하고 있다면 좋아하는 일을 하기 위해 노력할 수 있을 것 같아요. 지금은 무엇을 할지 잘 모르겠지만, 생각만으로도 그냥 좋아요."

그리고 이런 말을 덧붙입니다.

"그런데, 20년 후에는 100만 원의 가치가 지금의 가치와 달라서 큰 금액이 아닐 테니, 금액을 어떻게 더 키워야 하는지 고민 중이에요."

"그래서 황금알의 크기를 어떻게 더 키워야 하는지 생각해봤어?"

"내가 취직해서 돈을 벌면 투자금을 더 늘리는 수밖에 없을 것 같아요."

　연진이는 돈의 현재가치와 미래가치가 다르다는 것을 알고 있고, 그걸 미리 준비해야 된다는 것도 알고 있습니다. 어떠신가요? 우리 어른들보다 더 잘 알고 있고, 잘 실천하고 있다는 생각이 들지 않으신가요? 엄마와 함께 초등학교 6학년 때부터 시작한 금융쇼핑의 효과가 점점 커지고 있는 것이 느껴집니다. 자녀의 경제교육에도 복리의 효과가 적용되는 걸까요?

슬기로운 금융쇼핑

자녀와 함께
증권사 방문하기

부모님 계좌는 자신의 명의로 된 핸드폰이 있다면 비대면으로 계좌개설을 하세요. 시간을 벌 수 있습니다. 자녀의 계좌는 비대면으로 개설할 수 없기 때문에 증권사 영업점을 방문해야 합니다. 자녀와 함께 방문하면 좋지만, 그렇지 못할 경우에는 방문할 지점에 문의해서 필요서류를 꼭 준비해 가세요. 간혹 지점마다 필요서류가 다른 경우가 있습니다. 꼭 방문할 지점으로 직접 문의하시기를 바랍니다. 증권사의 대표 콜센터가 아닌 지점으로 전화하세요. 대부분 기본적인 서류는 방문할 부모님의 신분증, 가족관계 증명서(상세), 도장(꼭 자녀 이름이 아니어도 됩니다)입니다.

▶ KB증권의 경우, 카드에 도장을 찍어주기 때문에 아이들 도장을 가져가면 좋습니다.

▶ 자녀 명의의 종합계좌+CMA 계좌 개설 시 핸드폰 번호를 부모님의 것으로 적으면 자녀명의의 공동인증서 발급을 부모님 핸드폰으로 받을 수 있어서 거래가 편리해집니다.

▶ '온라인 매수 대리인 신청'도 같이하는 게 좋습니다. 증권사마다 부르는 명칭은 다를 수 있습니다. 그 의미는 부모 핸드폰에서 증권사 앱(MTS)에 로그인했을 때 자녀의 계좌도 같이 보여서 매수, 매도를 편리하게 할 수 있다는 것입니다.

▶ 단, 종합위탁계좌에서 매수, 매도할 때만 가능합니다. CMA 계좌를 확인하거나 계좌 간 이체는 불가능합니다. 이때는 자녀 명의의 공동인증서로 로그인해야 합니다.

▶ 해외 주식도 같이 신청하세요.

▶ 증권사 계좌는 母 계좌 256-***으로 동일하고, 뒤에 붙는 子계좌로 어떤 종류의 상품인지 확인하실 수 있습니다. 증권사마다 뒤 子계좌 번호는 다르지만, KB증권의 경우를 예로 들면 다음과 같습니다.

1=종합위탁계좌(주식, ETF펀드 등 트레이딩 계좌)

2=CMA계좌(은행의 입출금이 자유로운 통장과 동일하게 사용)

3=연금저축계좌 또는 IRP 등의 퇴직연금계좌

▶ 만약, 자녀의 목적자금을 분리해서 모으고 싶다면 종합위탁계좌를 2개 신청하세요. 예를 들면, 연진이와 연수는 종합위탁계좌가 각각 2개씩 있습니다. 하나는 용돈관리의 투자 통장이고, 다른 하나는 여유자금 통장입니다. 아이들의 투자금이 적다면 종합위탁계좌를 2개로 나누는 것은 큰 의미가 없습니다만, 나중에 1개 더 개설하려면 다시 영업점을 방문하셔야 합니다.

연수의 증권사 방문

자녀 계좌에서
해외 주식 매수하기

증권사의 MTS에서 검색 칸인 돋보기에 '해외 주식'을 검색해 보면 이에 해당되는 다양한 매뉴얼이 나옵니다. 먼저 '해외 주식 시작하기'를 순서대로 따라 해봅니다.

1. 해외 주식 거래 신청 - 클릭해서 계좌별로 신청하면 됩니다.
2. 환전 - 매수할 때마다 환전하는 방법도 있고, 자동환전서비스를 신청할 수도 있습니다. KB증권의 경우, 자동환전서비스를 '글로벌원마켓서비스'라고 합니다.
3. 종합위탁계좌에 현금을 넣어둡니다.
4. 이제 주식 매매를 시작합니다. 미국 정규장일 때는 일반 주

문을, 정규장 외 시간일때는 예약 주문을 합니다.

　5. 주문내역 또는 예약 주문내역을 클릭해서 체결되었는지, 미체결되었는지 확인할 수 있습니다.

증권사 VS 자산운용사 이해하기

만약 여러분이 냉장고를 산다고 하면 주로 어디를 가시나요? 하이마트, 전자랜드 등 여러 브랜드를 가지고 있는 백화점 스타일의 가전매장에 가면 됩니다. 그리고 제품을 비교합니다. 어떤 제품의 사양이 좋은지, 어떤 스타일의 제품을 살지, 가격은 적정한지 등을 확인하고, 제품을 만든 제조회사도 믿을 만한 곳인지 확인합니다. 하이마트는 냉장고를 판매하는 곳이지 냉장고를 만드는 제조회사는 아닙니다. 비유하자면, 증권사는 하이마트, 롯데마트 같은 판매처이고, 자산운용사는 삼성전자, LG전자 같은 제조회사라고 생각하면 이해가 빠르실 것입니다. 펀드나 ETF를 선택할 때도 어떤 자산운용사에서 만들고 운용하는지 확인하셔야 합니다. 만약 내가 주식 투자가 처음이라서 어떤 ETF를 매수해야 될지 모르겠다거나, 수많은 S&P 500 Index를 추종하는 ETF 중 어떤 것을 선택해야 될지 모르겠다고 하면, 그중 전 세계 1, 2, 3위를 차지하는 자산운용사의 S&P 500 추종 ETF를 선택하세요. 마치 삼성전자가 세계 1위 냉장고 회사여서 브랜드를 믿고 선택하는 것처럼, 내 자산을 전 세계 1위 자산운용사에 위탁한다는 생각으로 자산운용사를 선택하면 됩니다. 물론 ETF 선택에는 여러 가지 고려해야 할 요소들이 있습니다. 그중 여기에서 이야기하고 싶은 것은 믿고 맡길 만한 글로벌 Top 자산운용사를 선택하자는 것입니다. 판매처인 은행이나 증권사 직원들의 설명만 듣고 옵티머스 자산운용사나 라임 자산운용사의 펀드를 매수했다가 그 돈을 찾지 못하는 환매 중단 상태로 소중한 내 자산을 날리는 일은 없어야 합니다.

그러면 이제 대표적인 국내 자산운용사와 해외 자산운용사를 알아보겠습니다. 펀드나 ETF명 맨 앞에는 항상 자산운용사의 이름이 나옵니다. 그 이름은 펀드와 ETF가 서로 다릅니다. 예를 들면, 삼성자산운용사에서 운용하는 펀드명은 이렇게 시작합니다. 삼성*****, 그리고 삼성자산운용사에서 운용하는 ETF의 명은 이렇게 시작합니다. KODEX****. 예를 들면, 다음 두 개의 펀드는 모두 미래에셋자산운용사에서 운용하지만 ETF는 펀드와 다르게 'TIGER'로 시작합니다. 펀드의 경우, 미래에셋인도중소형포커스증권자투자신탁이지만, ETF는 Tiger미디어컨텐츠증권자투자신탁입니다.

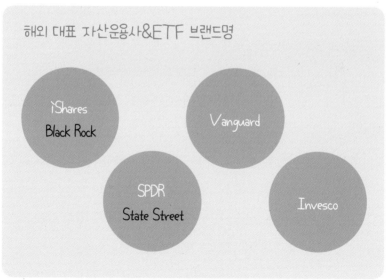

국내 자산운용사와 해외 자산운용사 및 ETF 브랜드명

한국 주식 시장,
미국 주식 시장
&중국 주식 시장

증권거래소

상장된 증권을 매매하기 위해 개설된 유통 시장을 증권거래소라고 합니다. 한국의 주식 거래 시장은 한국거래소(KRX)로 코스피, 코스닥, 코넥스 그리고 파생상품들의 거래와 시장 관리 업무를 담당하고 있습니다.

미국의 주식 거래 시장은 뉴욕증권거래소(NYSE), 나스닥(NASDAQ) 그리고 아메리카증권거래소(AMEX)로 3개의 증권거래소가 있습니다. 그중 뉴욕증권거래소는 미국 뉴욕에 있는 세계 최대 규모의 증권거래소로 세계 금융 중심지인 월스트리트(Wall Street)의 상징이기도 합니다. 다우지수와 S&P 500지수 등 세계 증시의 주요 지표가 되는 지수들이 뉴욕증권거래소를 통해 산출되고 있습니다. 나스닥은 벤처기업들이 상장되어 있는 미국의 장외 시장을 말하며 인텔, 마이크로소프트 등의 첨단 정보통신업체들이 등록되어 있고, 전 세계 IT 산업체들의 활동기반이 되고 있습니다. 비슷한 유형으로는 우리나라의 코스닥이 있습니다. 아메리카증권거래소는 뉴욕증권거래소와 함께 미국을 대표하는 증권거래소로 뉴욕증권거래소에서 거래되지 않는 종목을 중심으로 19세기 후반부터 시장이 형성되었다고 합니다.

중국은 총 3개의 거래소가 있습니다. 첫 번째는 상하이증권거래소이고, 대표 지수로는 상하이종합지수가 있습니다. 상해증권거래소는 중국 국영 기업과 주요 기업들이 상장된 곳으로 주로 중국 본토의 대표적인 금융, 에너지, 제조업의 기업들이 상장되어 있고, 우리나라의 코스피지수와 비슷하다고 보면 됩니다. 두 번째는 선전증권거래소(심천증권거래소)입니다. 이곳은 주로 IT, 바이오 등의 기술 관련 벤처기업 등이 상장된 곳으로 미국의 나스닥, 한국의 코스닥과 비슷한 시장입니다. 상장된 대표 기업으로는 중국의 1위 배터리 기업인 CATL이 있습니다. 하지만 상하이증권거래소와 선전증권거래소는 중국 본토 시장으로서 A주는 중국인과 허가받은 외국인만 거래가 가능하고, B주는 외국인 거래가 가능합니다. 세 번째는 홍콩증권거래소입니다. 홍콩증권거래소는 중국에서 가장 오래된 증권거래소로 주로 외국인들이 중국에 투자할 때 쉽게 이용하던 거래소이며, 주로 하이테크 우량 기업들이 상장되어 있습니다. 대표적인 상장기업으로는 텐센트, 알리바바, HSBC 홀딩스, 샤오미 등이 있습니다.

세계 주요지수

주가지수는 주가가 과거에 비해 얼마나 뛰었는지 조사한 것입니다. 국가의 금융이나 경제, 투자 상황을 보려면 가장 먼저 봐야 할 지표가 해당 국가의 대표 주가지수들입니다.

한국을 대표하는 주요지수에는 코스피(KOSPI)와 코스닥(KOSDAQ)이 있고, 미국은 다우존스 산업평균지수, 나스닥종합지수, S&P 500지수 그리고 러셀2000지수가 있습니다. 중국에는 상하이종합지수, 선전종합지수, 홍콩항셍지수가 있습니다.

코스피(Kospi, Korea Composite Stock Price Index)

한국증권거래소에 상장되어 거래되는 모든 주식을 대상으로 산출해서 흐름을 나타내는 지수입니다. 한국 주식 시장의 전반적인 동향을 가장 잘 나타내는 대표적인 지수라고 할 수 있습니다.

코스피지수의 기준 시점을 1980년 1월 4일로 해서 당일의 주가지수를 100으로 정하고, 개별 종목의 주가에 상장 주식수를 가중한 기준 시점의 시가총액과 비교 시점의 시가총액을 대비해서 산출하는 방식입니다. 현재 우리나라에서 알려진 대부분의 기업들이 올라 있는데, 삼성전자, SK하이닉스, 셀트리온, 현대자동차, 한화그룹, POSCO, 삼성물산, LG전자, KT, 한국전력 등 이외에도 수많은 기업이 있습니다.

코스닥(KOSDAQ, Korea Securities Dealers Automated Quotation)

코스닥은 IT(Information Technology), BT(Bio Technology), CT(Culture Technology) 기업과 벤처기업의 자금조달을 목적으로 1996년 7월 개설된 첨단 벤처기업 중심 시장입니다. 엔터테인먼트, 소프트웨어, 게임 등 시대를 선도하는 기업들이 참여하는 젊은 시장이라고 할 수 있습니다. 컴퓨터와 통신망을 이용해서 장외거래 주식을 매매하는 전자거래시스템으로 주식의 매매가 이뤄지므로 불특정 다수자의 참여라는 경쟁매매방식을 도입해서 기존의 장외 시장을 새롭게 개편할 수 있는 계기를 마련했다는 평가를 받고 있습니다.

나스닥(NASDAQ, National Association of Securities Dealers Automated Quotation)

벤처기업들이 상장되어 있는 미국의 장외 시장입니다. 우리나라의 코스닥과 비슷하다고 생각하면 됩니다. 지난 1971년 개설된 나스닥은 뉴욕증권거래소와 같이 특정 장소에서 거래가 이뤄지는 증권 시장이 아니라 컴퓨터 통신망을 통해 거래 당사자에게 장외 시장의 호가를 자동적으로 제공해서 거래가 이뤄지도록 하는 일종의 자동시세통보시스템을 도입했습니다. 마이크로소프트, 인텔, 애플 등 하이테크산업의 기업들이 다수 상장되어 있으며, 거래량 면에서 이미 뉴욕증권거래소를 추월했습니다. 미국뿐만 아니라 전 세계 벤처기업들이 자금조달을 위한 활동기반을 여기에 두고 있고, 주로 거래되는 종목은 인터넷 등 첨단 관련주나 벤처기업 주식이 대부분입니다.

S&P 500지수

국제 신용평가기관인 미국의 스탠더드앤드푸어스(S&P, Standard and Poors)가 작성한 주가지수입니다. 다우존스지수와 마찬가지로 뉴욕증권거래소에 상장된 기업의 주가지수이지만, 지수 산정에 포함되는 종목의 수가 다우지수의 30개보다 훨씬 많은 500개입니다. 500개의 대표 종목을 뽑아 코스피지수와 같은 방식인 시가총액법으로 산정합니다. 미국의 대표적인 주가지수로 꼽힙니다. 공업주(400 종목), 운수주(20 종목), 공공주(40 종목), 금융주(40 종목)의 그룹별 지수가 있습니다. 기업의 규모보다는 성장성을 중시하고, 지수 산정에 포함되는 종목은 스탠더드앤드푸어스(S&P)가 우량 기업주를 중심으로 선정합니다.

다우존슨지수

미국의 다우존스사가 가장 신용 있고 안정된 주식 30개를 표본으로 시장 가격을 평균산출하는 세계적인 주가지수입니다. 우량 30개 기업의 주식 종목으로 구성하기 때문에 많은 기업들의 가치를 대표할 수 있는지에 대한 의문점과 시가총액이 아닌 주가평균 방식으로 계산되기 때문에 지수가 왜곡될 수 있다는 문제점도 가지고 있습니다. 하지만 미국 증권 시장의 동향과 시세를 알 수 있는 대표적인 주가지수이기 때문에 많은 나라가 다우지수에 관심을 갖고 또 영향을 받고 있습니다.

상하이종합지수

중국 상하이 증권거래소에 상장된 1,492개(2021년 1월 1일 기준) 기업을 대상으로 구성된 종합주가지수입니다.

선전종합지수

심천증권거래소에서 거래되는 500여 개 종목으로 구성된 지수이고, 차이넥스트지수는 이 중에서도 차이넥스트 시장에 상장된 종목들로 구성된 지수입니다. 차이넥스트는 새로운 시장으로, 미국의 나스닥, 한국의 코스닥처럼 IT 중심의 성장성 높은 기업들로 구성되어 있습니다.

홍콩항셍지수(HSI지수)와 홍콩H지수(HSCEI지수)

둘 다 홍콩증권거래소에서 산출하는 지수입니다. 홍콩항셍지수는 홍콩증권거래소에 상장된 종목 중 상위 50개 종목을 시가총액 가중평균으로 산출한 주가지수입니다. 홍콩H지수는 홍콩증권거래소에 상장된 중국 본토 주식(H주-중국 본토기업이 발행했지만 홍콩거래소에 상장되어 거래되고 있는 주식) 중 40개 기업으로 구성된 주가지수를 말합니다.

출처 및 참조 : 세계경제용어사전 , 두산백과사전, 한국거래소 홈페이지

영국
FTSE지수
● 독일 DAX지수

한국 코스피지수
한국 코스닥지수

상해 종합지수

일본 닛케이지수

홍콩 항셍지수

미국 다우존스지수
미국 나스닥지수
미국 S&p500지수
미국 러셀2000지수

세계 주요지수

주식&ETF 거래 시 세금 및 주의사항

여러분의 이해를 돕기 위해 우리나라의 소득구분과 과세 방식에 대해 먼저 알아보겠습니다. 이자소득, 배당소득, 사업소득, 근로소득, 연금소득, 기타소득 6가지 소득을 합산해 과세하는 종합소득과 종합소득과는 상관없이 따로 분류해서 과세하는 양도소득과 퇴직소득이 있습니다. 종합소득 중 이자소득과 배당소득의 합을 금융소득이라고 하는데, 금융소득이 연간 2,000만 원을 넘으면 다른 종합소득과 합산해서 종합소득과세가 됩니다. 하지만 금융소득이 2,000만 원을 초과하지 않으면 15.4%(지방소득세 포함)로 원천징수하고 세금을 종결합니다. 이를 '분리과세'라고 합니다.

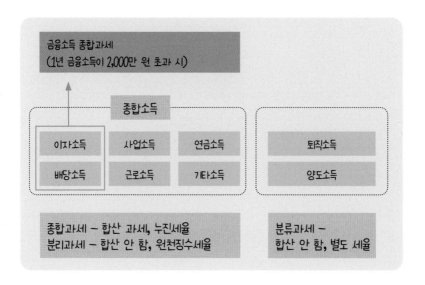

주식에 투자하면 두 가지 종류의 이익이 생길 수 있습니다. 바로 배당과 매매차익입니다. 배당기준일에 보유한 주식에 대한 이익을 배당받는 것을 배당소득이라고 하고, 보유한 주식을 팔았을 때 발생하는 이익을 매매차익이라고 합니다.

이번에는 국내 주식 투자, 해외 주식 투자 그리고 ETF 투자에 대한 세금에 대해 알아보겠습니다. 그리고 이때 주의할 사항에 대해서도 함께 알아보겠습니다.

국내 주식 투자 시 세금

주식 보유 시 – 배당소득세

배당받은 소득이 다른 금융소득과 합산해서 연간 2,000만 원을 초과하지 않으면 배당소득세 15.4%(지방소득세 포함)로 원천징수한 뒤 종결합니다. 하지만 2,000만 원 초과 시 종합소득세로 합산됩니다.

주식 매도 시 – 증권거래세&양도소득세

증권거래세의 경우, 현재 코스피 상장 주식은 0.08%(농어촌특별세 0.15% 별도), 코스닥 상장 주식과 K-OTC 주식은 0.23%, 코넥스 주식은 0.1%가 적용됩니다. 소액주주인 개인이 상장 주식에 투자해서 생긴 이익에 대해서는 양도소득세를 과세하지 않습니다. 하지만, 장외에서 주식을 양도하거나 대주주가 주식을 양도할 때는 양도소득세를 내야 합니다. 참고로 2023년 이후 소액주주라도 국내 상장 주식과 공모주식형펀드를 합산해서 소득금액이 5,000만 원을 넘는 경우 22~27.5% 세율로 금융투자소득세를 부담하게 됩니다.

해외(미국) 주식 투자 시 세금

주식 보유 시 – 배당소득세

해외 주식의 배당소득도 국내 주식과 동일합니다. 다만, 우리나라의 배당소득세는 14%이고, 미국의 배당소득세는 15%입니다. 미국 주식을 통해 얻게 되는 배당은 미국에서 15% 배당소득세를 원천징수한 뒤, 계좌로 배당금이 들어옵니다.

주식 매도 시 – 증권거래세&양도소득세

증권거래세의 경우 매도 금액의 0.00221%입니다. 해외 주식에서 발생된 매매차익은 양도소득세 과세 대상입니다. 이때 손익통상 금액의 연간 250만 원이 공제됩니다. 연간 해외 주식 매매로인해 손실과 이익을 합쳐서 250만 원을 넘지 않으면 납부할 세금이 없고, 초과 시 양도소득세 22%(지방소득세 포함)가 있습니다. 이는 다음 연도 5월에 신고, 납부해야 합니다. 증권사의 MTS나 HTS에서 연간 벌어들인 양도소득이 얼마인지 조회 가능하며, 납부할 양도소득세가 얼마인지 확인할 수 있습니다. 또한, 증권사에서 양도소득세 신고를 대행해주는 서비스도 있습니다. 그렇지 않은 경우에는 국세청 홈페이지를 통해 자진 납부할 수 있습니다.

ETF 세금	국내 상장 국내 주식 ETF	국내 상장 해외 주식(기타) ETF	해외 상장 해외 주식 ETF
상장 국가	국내 거래소	국내 거래소	해외 거래소
ETF명	KODEX 200	TIGER 미국나스닥 100	QQQ, SPY
매도 시 매매차익	없음	배당소득세 15.4%	양도소득세 22%
분배금 수령 시	배당소득세 15.4%	배당소득세 15.4%	배당소득세 15.4%
손익통산 여부	X	X	O
금융소득종합과세	분배금	매매차익+분배금	분배금

ETF 투자 시 세금

ETF의 세금은 다음 2가지로 구별해보시면 쉽습니다. 국내에 상장되어 있는가VS해외에 상장되어 있는가, 또는 투자 대상이 국내인가VS해외인가로 나누는 겁니다. 이렇게 조합해보면 총 4가지 경우의 수가 만들어지는데, 앞서 표에서는 해외에 상장되어 있는 국내 투자 ETF는 제외하고, 나머지 3가지의 경우에 대해서만 정리했습니다. ETF에서 발생하는 수익도 크게 배당을 받는 분배금과 매매차익으로 나눌 수 있습니다. 이것 또한 이해를 돕기 위해 정리해두었습니다.

ETF 매도 시에는 국내 상장된 국내 주식형 ETF는 국내 상장 주식과 동일하게 세금이 없고, 해외 상장된 해외 ETF는 해외 주식 투자처럼 양도소득세가 과세됩니다. 국내 상장된 해외 ETF는 배당소득세가 부과됩니다. 배당(금융)소득이 2,000만 원 초과 시 종합소득과세된다는 점에서 국내 상장된 해외 ETF가 좀 불리한 면이 있습니다.

여기서 잠깐!

해외 주식 양도소득 금액이 100만 원을 넘으면 부양가족공제 대상에서 제외됩니다. 직장에서 연말정산을 할 때, 또는 5월에 종합소득세 신고를 할 때, 부양가족의 기본공제와 추가공제를 받습니다. 단, 부양가족의 나이는 직계존속은 만 60세 이상, 직계비속은 만 20세 이하이고, 이들의 연간소득 금액이 100만 원을 넘지 않아야 합니다. 만약, 매년 연말정산 시 부양가족의 기본공제와 추가공제를 받았던 자녀들, 소득이 없는 배우자, 그리고 부모님이 해외 주식으로 취득한 양도소득 금액(양도가액-취득가액-수수료)이 100만 원을 넘는지 확인하셔야 합니다. 단, 건강보험 직장가입자의 피부양자 자격은 분류과세되는 양도소득은 포함되지 않으므로, 건강보험 피부양자 자격은 유지될 수 있습니다.

내용 참조 : 전국투자자교육협의회의 금융 투자 절세가이드

금융전문가 엄마와 함께하는 신나는 자녀 경제공부
얘들아, 엄마랑 금융쇼핑하자

제1판 1쇄 | 2021년 12월 24일
제1판 2쇄 | 2022년 2월 25일

지은이 | 윤상숙(금쇼맘)
펴낸이 | 유근석
펴낸곳 | 한국경제신문*i*
기획제작 | (주)두드림미디어
책임편집 | 우민정, 배성분   디자인 | 얼앤똘비악earl_tolbiac@naver.com

주소 | 서울특별시 중구 청파로 463
기획출판팀 | 02-333-3577
E-mail | dodreamedia@naver.com
등록 | 제 2-315(1967. 5. 15)

ISBN 978-89-475-4770-3 (03320)

**책 내용에 관한 궁금증은 표지 앞날개에 있는 저자의 이메일이나
저자의 각종 SNS 연락처로 문의해주시길 바랍니다.**